JN231477

さらば10倍株、短期で狙う2倍株

成長企業アナリスト／投資家
朝香友博

彩流社

はじめに ～景気減速局面での「大化け株の狙い方」と大損を避ける「リスク管理」～

この度は、この本を手に取ってくださってありがとうございます。成長企業アナリスト、投資家の朝香友博です。

『リーマン・ショックのような株価暴落に巻き込まれたくないけれど、大化け株は狙いたい！』

この本は、そんな個人投資家に必読の一冊です。

現在の株式市場は、ＦＲＢの利上げ休止や米中貿易協議の最悪シナリオ回避から株価が急反発する一方で、ファンダメンタルズ面では、年末に米短期２年金利が長期５年金利を上回る「逆イールド」が発生し、中国や欧州の製造業ＰＭＩも急速に悪化し警戒感が生まれています。

また、米失業率や日本の有効求人倍率等の景気遅行指数が何十年ぶりの水準に過熱しており、景気サイクルからも相場の天井圏が意識されるような局面にあります。

本書は、このようなマーケット環境で長期的な売り時を逃さずにリスク・コントロールしながら、短期的には株価が2倍になる大化け株を狙うハイブリッドな投資戦略を指南します。

特に、あなたの「大切なお金を守る」ための方法として、景気後退前に起きる株価崩落に巻き込まれないためのリスク管理を、まず習得していただく内容に仕上げました。

もちろん、その方法論とは、勘やなんとなく、あるいは最近のメディアで景気先行き不安の声が大きいからといった「感覚」などでは一切ございません。

個別株発掘で示した10倍株の法則同様に、金利や株価、主要な経済指標で構成される33指標の分析による「合理的な長期相場のリスク管理法」を初公開しております。

その上で、米利上げ終盤局面における今後の有望な「投資で勝つための投資戦略」とそれに基づいた「2倍株の狙い方」を指南します。

一方で、近年の株式市場が何十年に一度レベルの天井圏にあるという警戒感と相場サイクルの観点から、これから大底までは10倍株を狙わない「さらば10倍株」の姿勢が大事になることも訴えております。

さらには、株式相場の低迷・底値圏を見据えて、次の景気サイクルでも有望と見込まれる期待の成長株についても触れ、賢明なる長期投資の心得もお伝えしたいと思います。

✤この本から得られるもの・学べること

・相場サイクル投資術で「天井圏の高値掴み・大損を避ける方法」
・難しい長期における「『売り時』を逃さない合理的な33の判断基準とリスク管理」
・近年の株式市場が「何十年に一度レベルの天井圏」にあるという認識と警戒
・33指標と市場サイクルの徹底検証による「今後の相場見通しと有望な投資戦略」
・逆イールドの発生などで不透明感強まる長期相場に対峙する「不安払しょく」
・これから2~3年は「10倍株を狙わない（さらば10倍株）投資姿勢」
・誰にでもマネできる「短期急騰2倍株」を景気減速局面で狙うテクニック
・長期下げ相場でこそ選別すべき「10年目線で将来期待の成長株」
・日本人として日本の将来を担う会社を応援し、その株で豊かになる喜びと楽しみ

✤この本を特に活用して頂きたい方

・ITバブル崩壊やリーマン・ショック等の大きな株価崩落で資産を失った方
・「小さな利益」と「大きな損」を短期で繰り返して損をしている方
　├株価過熱でついついなんとなく高値掴みをしてしまう人
　└株価急落で慌てて投げ売りしてしまう人

・個別銘柄では明確な基準で投資をしているのに、全体市場の分析基準がない方
・全体市場の体温測定がＰＥＲだけという貧弱な尺度で市場に参加している方
・多少のリスクをおかしてでも、大きなリターンを得たいという方
・応援する企業が社会の発展に役立ち、その成長の果実としてお金儲けをしたい方

✤この本の構成

第１章は、２０１８年12月に景気後退のサインとして話題になった逆イールドなどの経済指標から想定した「相場の展望」と２０１９年春以降の株式相場に臨む「投資戦略」についてご紹介しています。

18年12月のクリスマス暴落、19年１月年初のアップル・ショックを受けて、急にハト派色を強めたＦＲＢのパウエル議長。相場はそれを受けて年初から反発に転じ、相場の上昇は加速となりましたが、改めて不透明感の強い19年以降の相場観を綴りたいと思います。

そして、楽観・メイン・悲観の３つのシナリオに触れたうえで、楽観・メインシナリオにおける19年３月以降の日経平均株価は、米中貿易協議や英ＥＵ離脱問題の霧が晴れた後に昨年来高値更新の可能性もありうるというスタンスと根拠を示します。

ただ、一方で何十年に一度レベルの株価天井圏警戒サインも点灯しており、今後の相場で退

場を余儀なくされる憂き目にあわないための悲観シナリオと株価崩落準備サインで警鐘を鳴らしております。そちらも読み逃しのないようにお願いします。

第2章は、**今後の投資戦略を策定する背景となった33指標の読み解き方・使い方による『長期投資の売買サイン』**を指南させて頂きます。33指標の内訳は、米日欧中央銀行の金融政策、米国の各種金利、各国の株価や経済指標などから構成されています（次表参照）。

金融政策・米金利（経済コントローラー）
FRB金融政策
├逆イールド（米10年債/5年債ー2年債）
├米トリプルB格社債スプレッド
└米TEDスプレッド
ECB金融政策
日銀金融政策
株価（先行財務指標）
日経平均
大化け加速逆サイン①日経平均
大化け加速逆サイン②TOPIX
S＆P500
上海総合指数
SOX指数
VIX指数
経済指標（体温計）
米ケースシラー住宅価格指数（主要20都市）
米中古住宅販売件数
米NABH住宅市場指数
米小売売上高
米ISM製造業景況感指数
米カンザスシティ連銀金融ストレス指数
米景気先行指数
米CAPEレシオ（シラーPER）
米失業率
OECD景気先行指数（主要国総合・中国・インド・ブラジル・カナダ・オーストラリアの6種類）
銅先物価格
日銀短観大企業製造業指数
景気動向指数
有効求人倍率（年平均）
中国・製造業PMI
東南アジアPMI
ユーロ・製造業PMI
ユーロ圏 Sentix投資家信頼感指数
ドイツ・Ifo景況感指数
スイスKOF先行指数

金融政策や経済指標と聞くと難しそうなイメージを持ちますが、いままでの10倍株の法則やチャートの大化け株加速サイン同様に小学生でも間違えない使い方しかご提示しません。

むしろ、私自身はエコノミストではなく、景気分析の詳細や重箱の隅に興味があるわけでもありませんので、投資家にとって役立つ経済指標の使い方にのみ焦点を当てております。ですから、**判断を間違わずにポジション・コントロールするための「単純明快な経済市況の読み解き方・使い方」**を紹介しておりますのでご安心ください。

第3章では、全体相場の雲行きが怪しい中で、**中長期的に10倍株を狙う投資姿勢を避けること**をおすすめしております。特に、市場が悪材料に敏感な時には事業の安定性の低い新興株は大きく売られる傾向があるので、注意が必要です。

その意味で「**さらば10倍株**」と銘打って、「3月の出版」というところにかけて10倍株の卒業式という意味合いも本書に込めました。

また、あくまでも株を買って利益を得たいという方のために、**相場シナリオに基づいた2倍株の狙い方と「3ステップで気軽に探せる2倍株発掘法」**もこの章ではご紹介させて頂きます。というのは、**2倍株レベルであれば相場が下り坂あるいは上昇力の弱い中でも毎年出現している**からです。

少し過去の相場を振り返りますと、サブプライム・ショックのあった2017年でも137銘柄が2倍株となり、リーマン・ショックのあった08年でも145銘柄の2倍株が出現しております。これらも踏まえ、本章では長期的な下り坂懸念のある相場における「2倍株の狙い方」に的を絞っているという訳です。

なお、巻末に「2倍期待の注目株リスト」の特典案内をつけておりますので、お見逃しなく（本をご購入した読者の方にだけわかるランダムなパスワードで後日WEBから閲覧していただく予定です）。

第4章では、これからも有望だと考えている産業やテーマのことにも触れながら、国際競争力の低下が著しい日本企業の中でもまだまだ優良と呼べる成長企業や、中小型のエクセレントカンパニーをご紹介したいと思います。

加えて、すでに成長鈍化懸念から売り込まれている元10倍株や私が声高に注目してきた大化け株などの今後の先行きも綴ります。

２０１８年の大みそかは、前著でテンバガー（10倍株）になった1位銘柄のペッパーフードサービスが展開する「いきなり！ステーキ」のＮＹ店に、意見のほしかった女性陣を引き連れて乗り込んで参りました。18年春には、ある1社が次の10年先のユニクロ・ＭＵＪＩのような日本を代表する看板企業になるのではないかという期待を込めて、南米や北アフリカのグループ支店を含む世界一周の投資視察旅にも出ましたので、そのあたりのことも書かせて頂くことにしました。

ずばり、どれだけ下がっても注目銘柄として期待し続けたい成長企業とその魅力を綴っております。

ちなみに、世界一周視察で最も支店に立ち寄った企業の株は、人件費や原料費の高騰によるコスト高や国内業績不振による収益低下から株価が下落し続けています。

さらには、株価が下がったにもかかわらず、バリュエーションが割高になるという負のスパイラルにも陥っています。これは例えば、10倍株になった多くの企業の株価がどんどん上がっていったにもかかわらず、業績によるバリュエーションの改善でむしろ割安になったのと正反対の現象です。そう考えると、確かに目先の株価の改善は厳しいのかもしれません。

しかしながら、世界中の現場を見てきた「自分目線」から、遠い先の10倍株（テンバガー）の実現という好機にわくわくしながら、私がその株価下落を見守っている感覚も共有できたらと思っております。

市場が目先の数字だけにとらわれて時価総額がどんどん下がる状況と、自分目線で抱いた企業の成長性への確固たる自信とのギャップが大きければ大きいほど、チャンスも比例してビッグなものになります。

また、リーマン・ショック後のユニクロを展開するファーストリテイリングやベビー用品を展開するピジョンが大人買いと呼べる買い増しの好機だったように、現在のような長期相場の下落が心配される局面では、いわゆる優良大型株のパフォーマンスが良い傾向がありますので、次の10年でも大きな成長が期待できる優良株投資の好機を見逃さないように今から選別しておいて損はありません。

第5章には、**相場の天井圏で役立ちそうな投資の知恵**や第1章・2章の市場分析が難しすぎる**株初心者の方のための補足になりそうな内容を収録**しました。もちろん、全般的にできるだけ多くの方に活用して頂けるように工夫いたしましたが、初めて私の投資本を読む方や再び長期投資と向きあって学びたい方の投資力アップにつながる絶好の機会にして頂けましたら幸いです。

✤この本にかける想い

実は、この本を出すのには大きな葛藤がありました。部分的とはいえ、全体市場を読み解く33の方程式を世の中に出すことで自分が不利になる恐れがあるからです。これだけ人工知能やコンピューターによる売買が盛んな昨今において、この知恵を公開してよいものかと。

ただ、私はこれまで経済指標の使い方に関する世の中の多くの解説本を読んできた経験から、とても大きな不満を持っておりました。それは、例えばある指標のサインが景気後退の1年前に点灯する傾向が高いと書いてあっても、われわれ株式投資家が知りたい株価の天井のどれだけ前に点灯するサインだとは書いていないのです。景気後退期のスタート時には2002年や2008年もそうだったように、株価はむしろ大底圏（＝それこそ10倍・100倍株狙いのチャンス）になったりしており、投資の実践では使い勝手の悪い解説書ばかりなのが実態です。であるならば、2017年に出版した既刊の特選銘柄や1位銘柄が実際に10倍株にもなっており、株の醍醐味を知った読者のみなさまの「最後のリスクオフ」までお付き合いするのが筋ではないかと考えました。

私の1作目の本「10倍株で勝つ」の読者の方はご存じかもしれませんが、まだ一般の大学生個人投資家だったデビュー時期に、私はITバブルの崩壊で投資資産が一時10分の1にまで急減する悲劇を経験しております。

その痛ましい経験をしたからこそ、徹底的に過去の遡れるだけの株式相場の歴史を検証して作り上げてきた知恵の一部をあなたにシェアさせて頂くわけです。そして、これから数年内の発生確率が高まっている株価崩落の悲劇を乗り越えて、その後に相場の大底で10倍・100倍株を笑顔で狙う大チャンスにするための準備を整えてほしいのです。
よって本書では、例えばAというサインが点灯したら「そろそろ相場は長期の天井圏が終わりますよ」とか、あるいは別のサインが点灯したら「暴落の最終局面に巻き込まれないように早く逃げなさい」という秘訣を学べるようになっています。

世の中の指標を使ってある程度の長期天井圏で株を売るための極意

これにこだわり続け、研究に研究を重ねたわたしの宝箱を初めてオープンにさせて頂きました。ただ、私は200近い指標をポジション管理に組み込んでおり、そのすべてを書籍で表現して解説し終えるのは不可能ですので、一般の投資家の方でもマネができて有効性の高い33の指標に厳選しております。ぜひ、末永く活用して頂ければうれしいです。

最後になりますが、私が本を出版するのは「大きなメッセージ」を届けたい時です。手前味噌で恐縮ですが、アベノミクス相場のまだ初期だった2013年からの「株の長期上昇相場のサイン＝10倍株を長期的に順張りで狙える相場判断」に始まり、五輪内需・インバウンド相場の到来、AI・自動化・EVテーマ株の活況への先回り、一部の経済指標のサイン点灯による「2015年末から中期的な相場の下落」など、中長期的な相場の潮目やテーマを大局的に次々と的中させてきました。

もちろん、本を書くベースになったブログを2010年に始めたのも、2009年の不景気から長期投資を始めておけば、10倍株が今後どんどん生まれて株で大きな果実を生み出せるという相場の歴史分析に基づく大局的な判断への自信がありました。

近著では、トランプ大統領誕生前後での金融政策、米政府の景気刺激策、それに呼応して次々と好転した経済指標のサインから、大きな相場の潮目の変化とその後の株価の推移が見立て通りとなりました。想定上昇レンジの下限となったことは残念でしたが「2016年7月始値1万5698円を基点に、上昇終了期間2017年8月~18年3月、上昇予測2万3076~2万9355円という見立て」（前著『いま仕込んでおくべき10倍株』より）の相場観が多くの方の投資の糧になれたことは大きな喜びでした。

また、全体市場分析の副産物として、株価が10倍となるポテンシャルを持つ10倍期待株を特選銘柄として公開し、見事に株価10倍の〝テンバガー〟を的中させることもできました。

本書は、その朝香友博による2年ぶりの新刊。

つまり、私はようやく相場の潮目が再び変わることを示唆するために本書が世の中に必要だと判断して、この本を世に送り出したわけです。2年ぶりにどうしてもあなたに届けておきたいメッセージがこの本には詰まっています。

この本を手にしていただいたあなたの投資が成功できますことを心より願っております。

短期上げ相場に期待しつつ長期下落相場にも備えてほしい2019年2月3日

朝香友博

さらば10倍株、短期で狙う2倍株［目次］

［第1章］ 2019年以降の相場見通しと投資戦略

[第2章] 長期相場の売り時とリスク管理に役立つ33指標

［第4章］下り坂相場でこそ選別して拾いたい「成長期待株」

［第5章］相場の天井圏で活かす景気の読み方と投資の知恵

本書は情報提供を目的としており、投資その他の勧誘を目的で作成したものではありません。株式投資には損失も生じる恐れがある点を十分にご理解の上、本書を活用した投資の最終判断等のすべてをご自身の判断と責任にて行って頂くことを予めご承諾いただきます。また、本資料の情報源は私が信頼できると判断したものですが、その確実性を保証したものではありません。本書に関するご質問・ご照会にもお答え致しかねますので予めご了承ください。

なお、巻末の特典はその特性上、筆者に作成のできないやむを得ない状態が生じた場合、配信がなくなる可能性もございますことを併せてご了承ください。

［第1章］

2019年以降の相場見通しと投資戦略

【警戒】いまの株式市場は「半世紀に一度レベルの火薬庫」のよう

現在の世界経済は色々な問題を抱えながらも、まだまだリスク資産の隆盛の最中あるいは終盤にあります。もし、日米ともに最長といわれる好景気を私なりに表現すると何十年に一度、あるいは半世紀に一度レベルの火薬庫のように思えてなりません。**いつ大爆発するか、いつ木っ端微塵に砕け散るかの明確な日付は当たり前ですがわかりませんが、そういう高リスクの状態になっている**とだけは自信をもって明言できます。

少し大げさにいえば、永らく噴火のなかった「富士山が噴火する」と聞いたら、「えっ？」と思うような感覚を持ってもらいたくて本書を綴っているといっても過言ではありません。

もっとも、このようなことを申し上げても、「どこにそんな過熱した好景気があるんだよ！」と感じる方は多いかもしれません。

実際に、今回の日本における2019年1月で戦後最長といわれる好景気も実感に乏しいといわれており、その肌感覚は正しいかもしれません。それは、今回の景気回復局面は6年超となりますが、実質国内総生産（ＧＤＰ）の平均成長率は1・2％で、1960年代後半の高度経済成長期のいざなぎ景気の11・5％、80年代後半バブル景気の5・3％にも及ばないからです。

さらにはこれと似た低成長でこれまでの最長好景気となっていた前回の景気拡大局面（２００２年１月～２００８年２月のいざなみ景気）の平均１・６％成長よりもさらに小さな経済成長です。人口減少など制約要因を抱えながら、海外経済の成長に支えられ、過熱感なき低成長が続いているのが特徴で、金融・財政政策の余力の乏しさが際立っているためだともいわれています。

さて、そんな日本経済ですが景気の天井圏あるいはピークアウト後に遅れて天井をつける傾向が高い雇用関係の経済指標が絶好調なことはご存じでしょうか？

景気遅行指数の代表格である失業率は26年ぶりの低水準で、有効求人倍率は1・61（1873年）と過去2番目の高さとなっているのです。高度経済成長の末期にあたる１９７３年（１・７６倍）に続く高さとなりました。

ちなみに、有効求人倍率は全国のハローワークで仕事を探す人１人あたり何件の求人があるかを示しており、これが９年連続で上昇し、あの１９８９年バブルを超えているというのですから少子化による人手不足を差し引いても凄い水準です。

ここで長期投資家なら、真っ先に「おやっ？」と思って頂きたいことがあります。そう、**1973年に有効求人倍率が過去最高を記録した年の11月に「列島改造景気」が幕を閉じ、しば**

しリセッション（景気後退）局面がやって来たという点です。

日経平均株価（年末終値）と有効求人倍率の推移比較を作ったところ、概ね日経平均の天井が来た後に有効求人倍率がピークを迎えています（下図参照）。

もっとも、日経平均株価は2019年に2万5000円を超えてくるかもしれませんし、有効求人倍率だってそうなると2020年頃に1973年の1・76を超えて1・8などの過去最高の数字だって未来に待ち構えているかもしれない可能性を排除してはなりません。過去最高の記録更新が未来でいつか起きるかもしれませんからね。

しかしながら、有効求人倍率の約半世紀ぶりの盛り上がり（人手不足感）から読み解けることは、以下のようなことでしょう。

日経平均株価の天井に遅行する有効求人倍率のピーク

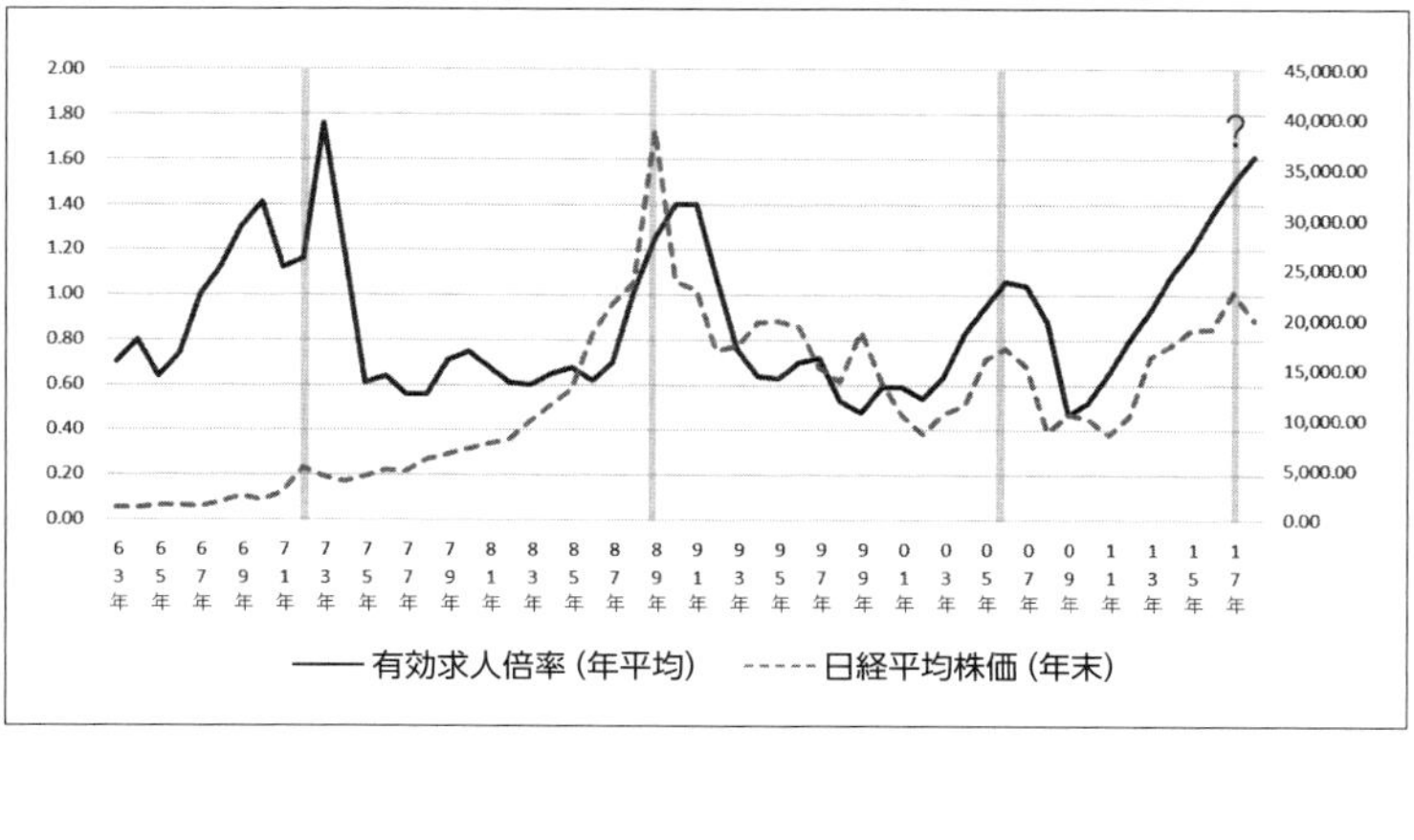

・低い経済成長率はともかく、現在が何十年に一度クラスの好景況感の環境にあること
・人々が選ばなければ職に困っていないこと（完全雇用）
・景気が循環するという特質と過去の経済指標との相関関係から、すぐ先の未来か数年先になるかはわからないが、その先には相応の景気後退が待っている可能性が高いこと

われわれ投資家は、過去最長好景気と１９７３年以来の高水準の有効求人倍率から、念のため景気の先行きを示す市況に目を凝らしておいたほうがよいでしょう。

トランプ大統領自慢の49年ぶり低失業率で景気後退に身構える

前項では日本の事例をご紹介しましたが、日本の景気も米国を中心とした海外景気に左右されるため、本来は米国の指標からチェックをして頂きたいところです。

さて、米国の失業率といえば半世紀ぶりの低失業率となっており、これはトランプ大統領がツイッターやメディアで誇張していたので、日本の好調な雇用指標は知らなくても（「人手不足」というキーワードはよく耳にされるかと思いますが）、米の異常に低い失業率の改善や好調な賃金上昇などのニュースをご存じの方は多いかもしれません。

つい最近の2月に発表された雇用統計でも、新規雇用者数は30万４０００人増と11カ月ぶりの上昇幅で、平均時給も前年同月比３・２％増と6カ月連続の３％台で堅調を維持していました。

しかしながら、失業率がトランプ大統領のこだわる３％台をオーバーして４％と悪化したことに最初は「おっ」と反応してしまいました。というのは、米景気の遅行指数であり半世紀ぶりに過熱感のある雇用の代表的な指数の悪化トレンドが続けば、最長の米好景気終焉ということも意識しなければならなくなります。

今回は、政府閉鎖という一過性の要因によるものでしたので、悪化の状況をリスクオフに組み込むこともありませんでした。いずれにしても、数か月の悪化トレンドが確認されるまでは株価の一段の崩落に備えるのは早計です。

ただ、**過去の失業率と景気循環のサイクルから見て、あまりに低水準の失業率のゾーンに景気があるということは、その先にある景気後退に厳戒態勢で備えるアンテナは常に張り巡らせておくべきです。**

では、米失業率も過去の推移と有効活用できそうなエレメンツを以下の図でチェックしておきましょう（低失業率＝5％以下として継続期間と景気後退の開始した際の失業率を下図に記載しております）。

この図から私は以下のことを読み解いております。

・3～10年の期間における低失業率を達成した後に景気後退

米失業率推移（網掛け部分は景気後退期）

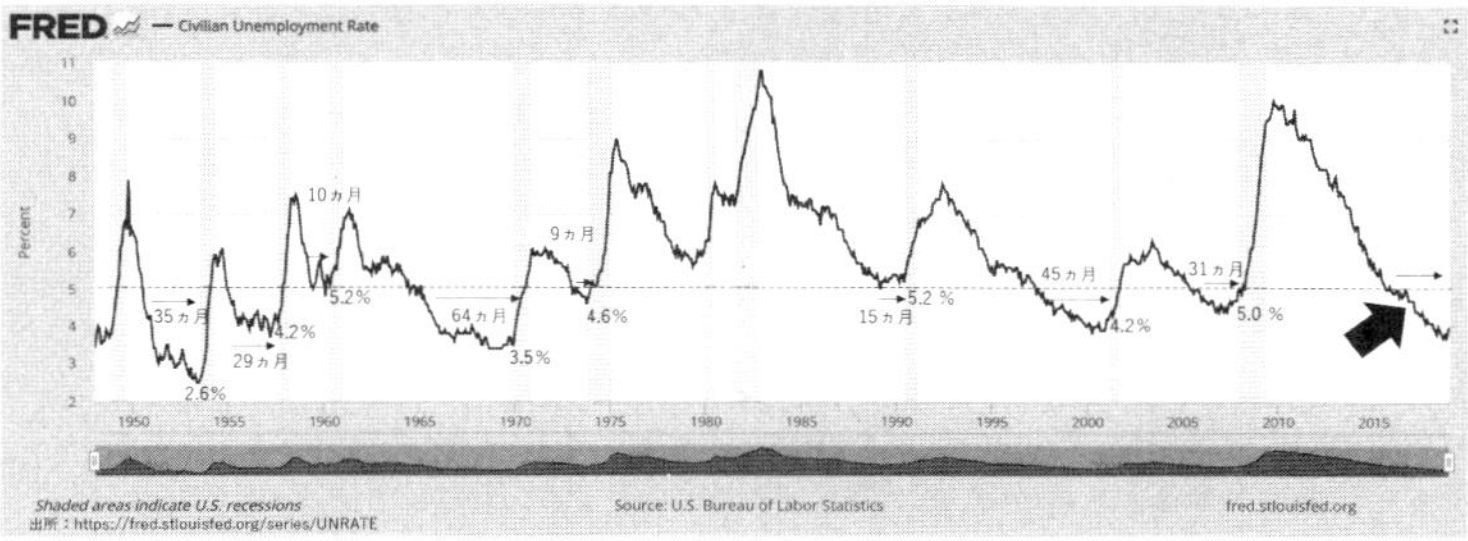

すでに失業率5％以下になって40カ月経過

が到来する

・好景気が相対的に長い場合に景気後退に至る際の失業率は、１９５３年6月が２・６％（失業率が５％以下に低下して35カ月）、１９５７年7月が４・２％（同29カ月）、１９６９年11月が３・５％（同64カ月）、２００1年2月が４・２％（同45カ月）。また、この場合のリセッション入りする際の失業率はいずれも低く、最も高いものでも４・２％となっているため、**好景気が長い際には好景気の感覚が残っている低失業率の間に景気は後退の入口に入る**という景気遅行性を確認できる

・景気後退に陥る際の失業率に絶対水準はない

・現在の好景気において失業率が５％以下に改善してすでに40カ月が経過している。過去のこれよりも長かった事例を当てはめると**景気後退の開始は最速で2019年6月、最も遅くても2021年1月にはリセッション入りする**ことになる。さらに、株価が半年から1年程度早くリセッションを織り込んで先行した場合、２０１９年1月～２０２０年6月前後あたりからの長期下落・崩落相場に気を付けておこうという意識を持って身構えておく慎重さがあってもいいだろう。（今回が１９６９年11月を抜いて過去最長となれば景気後退はさらに後ろとなることも可能性として排除しないでくださいね）

いかがでしたでしょうか？

毎月第一金曜日に発表される米失業率は、誰にでも平等に与えられる情報です。しかしながら、同じ戦場である株式市場で勝つために、失業率の推移から何かほかに読み解けることはないのか？　と多面的に確率優勢を導けるように統計発表を見ることを心がけております。

さらに、本書を易しくするために敢えて統計を一つ一つお話していますが、統計は複合的に観察・推察していくことも大事です。

特に後で出てくる金利（既刊で金利は経済のコントローラーと定義しております）の動きとセットで見ることが重要です。

ただ、なんとなくという感覚だけで投資をされるくらいでしたら、一つ一つの統計のパターンをご自身のリスクポジションに反映させていったほうがベターかと思います。そのためには、日本株の先行きに最も重要な米国の重要経済指標や市況は必ずチェックを怠らないでいただきたいところです。

「世界恐慌・ITバブル崩壊」前の天井示唆サインも2017年秋に点灯

ここまで日米の雇用に関する数字から、今の株価や景況感がおおざっぱに天井圏にありそうだという位置感を捉えてきましたが、この項では全く違う指標で景気の天井感を測定したいと思います。

ご紹介する指標は、CAPE（Cyclically Adjusted Price-to-Earnings）レシオという指標です。

CAPEレシオは、景気循環調整後の株価収益率を示す投資指標で、株式市場の長期的な評価に用いられています。1988年にエール大学のロバート・シラー教授とジョン・キャンベル氏が公式に定義し、シラーPERとも呼ばれており、単年度の1株当たり利益ではなく、インフレ調整後1株当たり利益の10年移動平均値を用いてPERを計算しているのが特徴です。

このロバート・シラー教授は、わたしがマンスリーで景況感を測定するツールの一つである「S&Pケース・シラー住宅価格指数」の生みの親でもあり、この指標の名前なら聞いたことがある読者の方もいるのではないでしょうか。さらに、同氏は、2013年にノーベル経済学賞を受賞し、ITバブルの崩壊やサブプライム危機へ警鐘を鳴らしたことで知られる凄い方なのです。

そのシラー教授の景況感体温計がこちらのシラーPERというわけで、バブルの崩壊や金融危機の際にはシラーPERは25倍を超えています。

なお、**シラーPERが30倍を超えたのは世界恐慌前、ITバブル崩壊前という後から振り返れば「景気は過熱していた」という時期**になったわけなのですが、**2017年秋から2018年秋までの1年の多くの期間で30倍超に位置していた**ことは、景気が天井圏でピークだったと考えてもおかしくはないでしょう。

CAPEレシオ（シラーPER）

出所：http://www.econ.yale.edu/~shiller/data.htm

世界は今、半世紀ぶりに膨らんだ景気風船が割れる引き金だらけ？

２０１９年１月における主要国企業決算の状況は、米中の貿易摩擦・様々な分野での覇権争いに端を発した景気減速の影響による悪化が露出しています。さらには、政治が中道を失い、どちらか極端な方向、つまり右か左かに分極化していることも経済情勢と社会を不安定にしています。反移民、反ＥＵ、反倫理などポピュリズム（大衆迎合）とアンチ（反）の政治が世界に蔓延《はびこ》っているのです。

例えば、大衆の意見ばかりをくみ取るＥＵ離脱を決めた英国であり、従来の政治の逆を試す米トランプ政権であり、仏では周辺国より高くない燃料税の導入が『黄色いベスト運動』で中止され、マクロン大統領が国民投票の実施を検討しています。

この項では、**減速感のある世界経済の前例なき大規模な緩和マネーで膨らんだ景気風船を割りかねないリスク要因を、**先行きを考えるために一度まとめておきたいと思います。

✤米中の覇権争いは新冷戦時代の始まりにすぎない

３月１日の交渉期限を延長した米中貿易協議の行方は、世界の市場関係者が最も注目をする政治要因の一つでしょう。

すでに発動された関税対象は中国の対米輸出の5割、米国の対中輸出の8割に上りますが、今回合意ができなければ、猶予されていた2000億ドル分の中国製品に対する制裁関税が10％から25％へ引き上げられることになります。ある試算によれば、中国のGDP成長率が5％を割り込む悪影響を受けるという分析もあり、注意が必要です。トランプ大統領は交渉期限を延期して、3月中に習近平国家主席との首脳会談で最終合意をめざす考えを示しました。株式市場を下支えするためにも、中国から成果を引き出して勝利宣言したいトランプ氏と、中国経済が減速するなか輸入拡大など最低限の譲歩で収めたい習氏という構図があります。

もっとも、ライトハイザー氏ら対中強硬派が中国に約束を守らせる仕組みづくりを合意内容とあわせて重視しており、中国の履行状況を定期的に監視し、必要に応じて追加関税などの罰則を科す案も有力視されていて、そのあたりの調整がまだまだ厳しそうな模様です。それでも、互いにメンツを保ちつつ、軟着陸を探る姿勢が鮮明になっており、ソフトランディングを期待したいところです。

この本が世に出る頃にはすでに結果は出ていると思いますが、ハードランディングで決裂することは株価には織り込まれていないと思いますので、その場合は株価の急落も想定されます。

一方で、中国による技術移転の強要、国有企業の優遇といった産業競争力に関わる問題から安全保障に至る幅広い米中の衝突は、覇権争いの様相を呈し、リスクは恒常化する見通しです。最近ではこの長期的な対立懸念は「新冷戦」と呼ばれるような事態に至っています。米司法省は2019年1月28日、中国の情報通信機器大手の華為技術（ファーウェイ）を起訴し、5Gの覇権争いで米は中国への圧力を強めています。

また、中国による米国へのサイバー攻撃による経済スパイも、米国では深刻な問題として受け止められています。北米でのサイバー犯罪の被害推計額は1400億ドル（約15兆円）を超えており、対中強硬派のナバロ大統領補佐官は「中国は米国の技術に攻撃を仕掛けている」と語気を強めています。

米国が中国のサイバー攻撃を非難するのは、人民解放軍や国家安全省が実動部隊となった「国家ぐるみの犯罪」と確信しており、米当局は中国国内に250のハッカー集団が存在し、いずれも政府や共産党とつながりがあるとみているようです。

野党・民主党の上院幹部は2月1日、対中穏健派とされるムニューシン財務長官に、強硬姿勢に出るよう求める書簡を送っていて、この対中姿勢の強硬化は下院与党の民主党のほうがより強いとも言えます。世銀新総裁に対中強硬派のマルパス氏を擁立する動きも出ており、やはり米中の対立は多岐にわたって長期間続きそうな気配です。

✤28年ぶりの経済低成長も覇権を目指す中国

多岐に渡る米中対立は中国経済の体力を奪っています。２０１９年1月のＰＭＩは2カ月連続で好不況の目安である50を下回り、２０１８年12月期の最終損益は、上場企業３６００社のうち１０００社が減益、４００社が赤字で、失速が鮮明なものになりました。２０１８年のＧＤＰ成長率も６・６％で、天安門事件の余波から経済が低迷した１９９０年以来の28年ぶりの低水準まで経済が減速しています。

この予想を超える景気減速に対して、中国政府は昨秋以降、2兆５０００億元（約40兆円）超の景気刺激策を始めています。減税の拡大、大規模なインフラ建設も打ち出したほか、中国人民銀行が中小企業向け融資を増やした銀行を対象に貸出金利を約3年ぶりに０・１５ポイント引き下げました。借り換えも最大3年まで認めるとのことです。

これは、中小企業の資金繰りを改善して景気を下支えする狙いで、ＦＲＢが利上げを休止した中で政策金利の引き下げを行いやすい環境も整ってきており、緩和姿勢がより強化されれば中国による世界経済の腰折れを防げるかもしれません。

ただ、過剰債務問題への警戒も緩めておらず、ブレーキを慎重に踏みながらの対策で、規模をさらに拡大できるかは微妙かもしれません。

一方、国内経済には柔軟な姿勢で臨んでいるのに対して、米国が警戒する覇権に対する野心を緩める動きは見られません。むしろ、２０１９年1月３日、中国の無人探査機「嫦娥４号」が技術的なハードルが高く地球と直接交信できないといわれた月の裏側に、世界で初めて降り立ったことは、その動きをより鮮明に国内外に知らしめたと言えるでしょう。

実際に、中国は科学技術分野での投資にも豊富な資金を費やし、研究水準を底上げする要となる人材への投資も惜しみません。海外で学んだ1流の研究者には、住居から仕事場、会社トップを超える報酬に至るまで至れり尽くせりの好待遇を用意しているようです。

日本の文部科学省によると、２０１６年の中国の研究開発投資は官民で約45兆円と２０００年の約10倍で、２００９年に日本、２０１５年にEUを抜き去り、51兆円の米国に迫る勢いです。さらに、全米科学財団の調査では**中国の研究論文の数は２０１６年に42万６０００本と、米国（40万９０００本）を上回って世界最多**となりました。これは国内で「量」のノルマ競争の側面もあって、質を危ぶむ声もありますが、**月の裏側に降り立ったのであれば中国における科学技術の進歩の証しでもあり侮れません。**

さらに、中国専門誌によると次世代高速通信「５G」関連特許に占めるファーウェイの割合は29％でトップ。スウェーデンのエリクソン（22％）や韓国サムスン電子（20％）を上回り、実用化でも先行してきました。

米国がファーウェイ包囲網を強め、自動運転などに欠かせない５Gで中国に主導権を握らせたくないという状況もこのような背景がありました。

加えて、中国はＡＩの分野でもすでに論文数トップです。習近平指導部が国家プロジェクト「ＡＩ発展計画」に基づき、２０１７～２０１８年に指名した5大プラットフォーマーとなった百度（バイドゥ、自動運転）、アリババ（スマートシティ）、テンセント（ヘルスケア）、アイフライテック（音声認識）、センスタイム（顔認識）の5社に補助金や許認可で手厚い支援を与えています。

ただ、このような中国の覇権姿勢に対して多くの諸国が警戒を始めています。投資マネーにも萎縮の兆しがみられ、Ｍ＆Ａ助言のレコフによると、日本企業の２０１８年の海外Ｍ＆Ａ額は米国でほぼ倍増したのに対し、中国では44％減と大きく落ち込んでいます。

また、中国から工場が国外脱出を始めているのも経済に悪影響を及ぼすと思われます。ＦＡや自動化で、顧客のそばで生産するコストが下がっており、例えば欧州の衣料産業は地元に回帰を始めています。工場から顧客に届けるのに中国からなら6週間かかるところ、これなら2～3日で済むのも大きな利点です。

日本勢もメイドインジャパンを謳えることもあって、日用品などで国内への工場回帰が鮮明で、ベトナムなども移転先になっているようです。

さらに一部の中国企業ですら「脱中国」にかじを切っています。電子機器大手（歌爾声学）

やポリエステル大手（浙江海利得新材料）も、生産の一部をベトナムに移管しています（もっとも、これは人件費の抑制などもあると思いますが）。

このような状況から、エコノミストの中で先々の中国経済に対する懸念も膨らんでいるようです。新冷戦が引き金となって世界経済の変調を招き、「第二のアジア通貨危機」を引き起こす可能性も囁かれます。さらには2〜3年のうちに中国から投資資金が逃げ出し、景気刺激策を打てなくなる局面が訪れかねないと警鐘を鳴らす意見も散見されます。中国では創業者や株主企業が保有株を金融機関に担保として差し出して資金を借り入れる動きが常態化しており、昨今の株価の下落も今後の火種になりそうです。

もっとも、中国にとってみれば、今後はGDP成長率鈍化や人口減少は避けられず、覇権を握るチャンスは今しかないと見ているのかもしれません。足元で軍事費を積み増しているのもそのためだと思います。軍事費の効果が出るまでには10年ほどのタイムラグがあり、米国を追い抜くためには今後10〜15年が勝負という強い意識と意図が透けて見えますが、覇権に向けた中国の挑戦も一筋縄ではいかなそうです。

✤欧州も難題山積！　英EU離脱、不安定な政治体制

●英国のEU離脱

離脱期限の3月29日が近づくにつれて、英国は混沌を極めています。合意なし離脱になれば、英国での企業活動や国民生活が大きな混乱に陥る懸念があります。

現況は、3月中旬に合意の是非を問う2度目の採決、合意なき離脱を選択するかを問う採決、離脱期限を延長するかを問う採決が再び行われることとなっておりますが、先行きは全く見通せません。

仮に離脱期限の延期となったとしても、その上でなお合意なき離脱となれば、その後のマーケットへの悪影響は極まりないものになると思われます。

これに対し、EUからの合意なき離脱に備える動きが活発になってきています。フランスでは、合意なき離脱のためのプラン発動を決定し、国内の港や空港に5千万ユーロ（約62億円）を投じ、税関手続きの突然の復活に備え検査にあたる職員確保や港の整備などに充てる方針です。オランダでも政府が英国と取引している企業向けにインターネット上の相談窓口を開設して、「合意なき離脱」に備えるためのチェックリストも公表しました。英国と国境を接するアイルランドは約130ページにわたる緊急対応策を公表し、依存度の高い英国経由の輸出入に

大きな支障が出ないよう力を入れています。

もちろん、民間企業も対策を急いでいます。英経営者協会の調査では、英国企業の3割近くが国外への移転を検討していると回答しているようです。

英家電大手ダイソンが本社を英国からシンガポールに移すと表明した他、パナソニックやソニーの欧州本社移転、米銀大手バンク・オブ・アメリカも欧州の拠点をイギリスから移し、加えて英ジャガー・ランドローバーやトヨタの一時生産中止や日産の英国での次期SUV生産計画の見直しなど、在英企業ではEU離脱対策が加速しているのです。

このような状況を受けて、英イングランド銀行は、英国が合意なしでEUから離脱しても、英国の中央清算機関を在EUの参加者が当面使えることをEU側と確認し、「合意なき離脱」でも1年間は現状を保つと発表しました。ロンドンに集まる金融決済機能の混乱を避ける措置が固まったことは評価したいと思いますが、合意なき離脱で混乱はあっても、最終的には長期に渡る経済損失が拡大しないことを願いたいところです。

●欧州にとって大きな節目の2019年

3月29日の英国離脱期限が過ぎれば、今度は5月には5年に一度の欧州議会選挙を迎えるEU。5月の欧州議会選では、「反EU」を掲げるポピュリズム勢力の拡大も懸念されています。

二大政党の中道右派「欧州人民党」と中道左派の「欧州社会・進歩連盟」の合計議席数が過半を下回る可能性が大きいと予想され、欧州政治の分極化が進み、欧州統合に懐疑的な勢力が強まれば、ＥＵの政策全体が停滞する恐れがでてきています。

秋には10月31日にECBのドラギ総裁、ユンケル欧州委員長がともに任期満了を迎え、11月30日にはトゥスクEU大統領も退任し、EU機関のトップが一斉に交代します。

各国の政治を見ても、与党党首を退任したメルケル独首相や、反政権デモに苦慮するマクロン仏大統領らがＥＵ政治をけん引する指導力を保てるかも不透明です。その両国の首脳は、５月の欧州議会選挙も見据え、56年ぶりとなる新たな友好条約に調印し、ＥＵに批判的なポピュリズム（大衆迎合主義）勢力が台頭するなか、独仏を軸に再び欧州統合の求心力を高める行動に出ています。

ただ、これが反対派に新たな攻撃材料を与えかねない危うさもあります。仏世論調査ではルペン氏が率いる極右の国民連合がマクロン氏の「共和国前進」と激しく競り合い、スウェーデンでは２０１８年９月議会選挙で極右政党が躍進し、オランダは独仏主導のＥＵに対抗して北欧諸国・バルト３国などと『新ハンザ同盟』を結成しています。

さらに、ＥＵはＰＭＩが落ち込むなど経済面でも暗い話題に事欠きません。

ＥＵ域内最大の経済大国ドイツでも英国のブレクジットが暗い影を落としています。世界銀行などがつくるデータベース「ＷＩＴＳ」によると、ドイツの２０１７年の対英輸出額は約８９６億ドル（約９・７兆円）と突出しており、**ドイツ産業の柱である自動車産業にとって、英国は米国とほぼ並ぶ最大級の輸出先**です。ただでさえ経済指標の減速が鮮明になっているドイツ経済にはさらなる寒波が吹きそうな気配があるのです。

債務問題を抱えるイタリアは、２四半期連続のマイナス成長で景気後退局面入りをしてしまいました。イタリアの公的債務はギリシャの約7倍で、予算案を巡る混乱が長引き、金利の急上昇や国債格下げがひとたび起きればイタリアへの与信が多いドイツやフランスを経由して、金融不安が欧州全体に広がりかねません。最大の輸出先であるドイツの景気減速が鮮明になっていることもイタリアには痛手です。

景気減速が続く中国の影響も含めて、欧州景気は厳しい負の連鎖が起きており、そのスパイラルが大きく悪化しないか注意してチェックを続けなければなりません。

✣米中激突に巻き込まれる日本・アジア経済減速の影

米中衝突は、リスクの火種をアジア各地にまき散らしています。何よりまず、日本の輸出先は米中向けが４割を占め、米国向け輸出額は15兆４６５６億円、中国向け輸出額は15兆９０１８億円にもなっており、影響は甚大です。

２０１８年10〜12月期の決算発表でも、中国からの受注急減で最終減益になったファナック稲葉会長の「いつ回復に向かうのか全く見えない」、日本電産永守社長の「（中国需要の）落ち込みは尋常ではない」という言葉が印象に残った決算でした。結果として、**２月１日までに決算を発表した５４２社の日本企業の決算累計は、２年半ぶりの最終減益（18％）となっており、主要アジア企業の決算も９％の最終減益**だった模様です。

２０１９年１月のＡＳＥＡＮ製造業ＰＭＩも輸出の落ち込みなどで49・７と前月比０・６ポイント低下し、景気の減速感が統計確認されました。そして、今や日本企業の重要な経済拠点・市場となったＡＳＥＡＮでも２０１９年は重要な国政選挙が相次ぎます。

２月のタイ総選挙を皮切りに、４月にインドネシアで５年に一度の大統領選挙が行われるほか、インドでも４〜５月に総選挙が行われ、高成長経済をけん引したモディ首相の苦戦も報道されており、政権交代となれば経済政策が大きく変わるリスクもあります。

こうなると、やはり頼みの綱は世界１位の経済大国アメリカなのですが…

✣世界経済のけん引役である米国も懸念がいっぱい

米企業は2018年度における世界の純利益の約4割を生み出す世界経済のけん引役です。米国経済の減速は世界経済の失速に直結し、世界からの注目も自然と集まります。特に日本が米国から得る収益は非常に大きく、日本株の先行きを展望する際には日本の指標よりも米国指標の有効性が高いとも感じております。

2009年7月から始まった米国の景気拡大は、2019年7月で丸10年となり、1991年3月~2001年3月を抜いて戦後最長の拡大期を更新する見通しです。しかし、2019年後半には企業業績を押し上げていた大型減税の効果が剥落し、輸入物価の上昇や人件費の高騰などが企業業績や消費に悪影響を与えるとみられており、**米の成長率も徐々に鈍化する懸念**が生じています。

さらに**頭痛の種は政治の停滞**です。

2018年のトランプ政権内では主要閣僚が相次ぎ離脱。さらには民主党が2019年1月に下院の多数派になり、「**ねじれ議会**」となりました。ホワイトハウスを含む行政府の行動を調査する権限を持つ委員会の委員長は、全員が民主党議員にもなり、ねじれ議会は1月の過去最長の政府機関閉鎖を生みました。

そのような政治の停滞で、3月期限に迫る**連邦債務上限への対処**や景気下支えといった課題に対応する政策の停滞リスクが高くなり懸念は尽きません。

中間選挙直後に、トランプ氏が「超党派でインフラ投資法案を実現したい」と口にした法案も、本来なら民主党も前向きな政策のはずですが、関係悪化で構想は事実上立ち消えになっています。

また、上院で採決された壁抜き予算で政府を再開する民主案に共和から6人が賛成し、トランプ氏は翻意を決断したとされ、共和党内部にも亀裂が走りました。一方で、大統領の一般教書演説で民主党、特に白のスーツで統一して臨んだペロシ下院議長を中心とする民主女性陣はその団結力を垣間見ることができました。**トランプ政権は内も外も容易には大統領の思うような運営が進まない**ことを示唆しており、演説内容も「協調」の連発が大統領の置かれている苦境を鮮明に映していました。

さらには、トランプ大統領のロシア疑惑の捜査も大詰めで、仮にも大統領の失脚という自体に発展すれば政治の混乱に短期的には拍車がかかることと思います。

すでに、格付け大手フィッチ・レーティングスは「財政策定の機能不全がより明らかになれば米国債の格下げ圧力になりうる」と指摘しており、過剰なカネ余りの生んだ債務懸念への飛び火も含めて世界経済に広く影響が及ぶ懸念は拭えません。**米国で想定外の景気失速が起こることは世界経済の大きなリスクです。**

10年ぶりクラスの株価崩落（長期下落）準備サインが次々に点灯

前項にて経済への悪影響となりそうなファクターをチェックしました。それらは経済の先行きを占う重要な要素なのですが、なかなか一般の投資家の方がその動向を分析して投資ポジションのリスク管理に活かすには簡単ではないかもしれません。

そこで、ここはやはり景気の遅行指数が過熱している時こそ、「山高ければ谷深し」を察知するための「景気先行指標」を丁寧にチェックする作業が必要になってきます。詳細は第2章でお伝えしますので、ここでは10年に一度発生するかしないかというクラスの景気先行サインと数年ぶりの景況感の悪化がつかめる指標を列挙しておきたいと思います。

✤長期相場サイクルで見逃せない景気後退警告サイン

日々の市場のニュースの中では過去のことは忘れがちになりますが、以下のように集中してサインが点灯すると、長期的に警戒準備を進めるシナリオを念のため持っていた方がいいと感じて頂けるのではないでしょうか。

●**FRBの金融引き締め加速**（2018年12月の環境下での再利上げ）**とその後の利上げ休止、ECB量的緩和の終了と日銀の量的緩和減速**（マネタリーベースの供給量鈍化）による景気終盤局面の到来への接近。

また、FRBは2017年10月から月に最大100億ドルだった資産圧縮幅を2018年10月から最大で500億ドルにペースを加速させ、利上げとともに二重の圧力となっていた量的引き締め（QT）を強めました。

個人的には、このQTはリスク管理の指標に組み込んでいなかったため、この時点でもっと警戒モードになるべきだった……と今後の教訓とポジションの参考指標に組み込みたいと思っております。

●高い確率で景気後退サインとなってきた「**逆イールド**（米国の2年・3年物国債短期金利が5年物国債長期金利を上回った）」が2018年12月3日に**13年ぶりに発生**

●2008年10月リーマン・ショック以来、**約10年ぶりのNYダウ週間下落率**を記録（12月21日の米国株式市場ではダウ平均が3日続落し、週間の下落率が6・9％安に達した。S&P500株価指数は2018年9月に付けた過去最高値から19・8％下落。下げ幅は1990

〜1991年に景気後退した当時の20・4％に迫った)。

株価こそ最強の財務指標（第5章参照）で、景気の先行性が高く、警戒に値します。

ちなみに、同年12月ダウの月間下げ幅は2211ドルと1896年の算出開始以来最大に。さらに、12月の日経平均株価も月間で2336円29銭（10・5％）安と2カ月ぶりに下落し、1カ月の下落幅としては2008年10月以来、およそ10年ぶりの大きさになりました。

●2018年の**主な資産**（S&P500種株価指数や日経平均株価といった株式や原油など）の**ほぼ9割の前年末比のリターンがマイナス**。これは2008年のリーマン・ショック時を超え、**1901年以降で最多**（クレディ・スイス証券調べ）

●現物株で**海外投資家による売り越しが31年ぶり規模**（**5兆円超**）

●バブル崩壊開始の1990年以来**28年ぶり日経平均株価**が年間で**複数回の1000円安**

●**TOPIXで7年4カ月ぶりに大化け加速逆サイン**（下落力の強いローソク週足・平均以上の出来高・1年半来終値安値）の点灯

●12月の米ISM製造業景況感指数が2008年10月以来およそ10年ぶりの低下幅（結果は54・1で、前月から5・2ポイント低下。水準も2016年11月以来2年1カ月ぶりの低水準で、市場予測（57・9程度）も大きく下回った。指数を構成する5つの個別項目すべてが低下し、特に「新規受注」が11・0ポイント低下の51・1と落ち込んだのもマイナスポイントでした）

なお、**数年ぶりクラスの景気停滞・後退を警戒する兆候**も記載しておきます。

●12月は世界で株安の連鎖が続き、**主要国の株価が軒並み20％以上下落して弱気相場入り**。（日経平均は10月2日に付けた終値からの下落率が12月25日に21・1％となり、他にも中国、韓国、香港、ドイツ、イタリアなども弱気相場入りしました。さらには個別株も同様の状況で、時価総額上位1000社のうちの546社が過去1年の高値から2割以上下落。中でも、GEが6割超下げ、半導体のエヌビディアも5割強下落しました）

●トランプ相場が発生する直前の**2016年9月以来の米国住宅市況の悪化**（NAHB住宅市場指数は2018年12月に59と60を割り込み、米国で主力の中古住宅販売戸数も2019年

1月に約3年ぶりに500万戸を割り込みました。住宅市況の悪化はこれまでも米景気のピークアウトのサインとして有効でしたし、自動車のシェアやサービス産業化が進む中で最もオールドかつ産業のすそ野の広い景況感を把握できる指標だと考えております。金融引き締めは住宅需要の減退をもたらしてきた歴史を繰り返しているのです)

●2019年1月のユーロ圏PMIは50・7と市場予想を下回り、2013年7月以来、**5年半ぶりの低水準**に。さらに、EU加盟28カ国を合わせたGDPの約5分の1を稼ぐドイツでも、Ifo経済研究所が集計した2019年1月の独企業景況感指数が5カ月連続で低下し、**約3年ぶりの低水準まで落ち込んだ**

●2019年1月に世界銀行が発表した**米国の経済成長率**について2019年(2・5%)から2020年(1・7%)にかけて**大きく下振れる**とした。なお、2019年の世界全体の実質成長率を前回2018年6月時点の見通し(3・0%)から0・1ポイント引き下げ、2・9%に下方修正もしています。さらに、世界銀行は「**世界経済に嵐が近づいている**(2019年1月8日)」と警告しました。IMFも世界経済見通しを2四半期続けて下方修正するなど、市場では景気減速懸念が広がっています。

●1月の月例経済報告で世界の景気判断を35カ月ぶりに下方修正

これらは一連の悪化した指標のすべてではありませんが、中長期的な株価下落トレンドを示唆するファンダメンタルや景気に先行する傾向の高い指標ばかりで、2018年12月、2019年1月に集中して出てきたものです。

他にも、すでに2017年に株価の天井圏を示す指標などもありますが、それらの指標も含めて次章にて取り上げさせていただきます。

世界経済の防波堤「中央銀行」がこの荒波を止められるか？

ここまでチェックしてきたように、景気の終盤感や半世紀ぶりの過熱を示す経済指標、その大きな風船を割りかねない世界の不安定ファクターのオンパレードや、10年ぶり低水準に落下した景気先行指標から、年末年始に私は世界経済がこれから転落の一途を辿ると感じ、この本の出版を決めました。

いつの時代も逆流を始めたリスクマネーを鎮められるのは、中央銀行の金融政策と政府の景気刺激策なのですが、それらにも当面、期待できないと確信したからです。

米国はトランプ氏の大型減税に続くインフラ再建の「二の矢」も空回りしそうで、欧州は首脳の支持率低迷やポピュリズムの台頭、中国のそれなりの規模の景気刺激策はリーマン・ショック時に比べてまだ小粒で、日本では減税でなく消費増税というタイミングを迎え、世界協調による景気刺激策の期待はまだ持てません。

そして、最後の経済の頼みの綱である米欧日の中央銀行も、総じて緩和よりも長期的には景気後退を引き寄せる引き締め方向に向いていていました。具体的には、ＥＣＢは18年末で量的緩和を終了し、日銀も口では金融緩和、緩和と言っていますが、市場への資金供給量は前年比で見ると減速しておりました。

さらに、世界金融・経済の番人である「ＦＲＢ」が12月のＦＯＭＣで予定通りに利上げをし、その姿勢が市場の予想よりもハト派でなかったことで、私はこの本を一刻も早く世の中に届けなければならないとの想いを強めました。

12月のＦＯＭＣ後の記者会見でパウエル議長は「米経済は好調で、２０１９年も2回の利上げが適切だ」と話し、２０１９年の利上げペース鈍化を示唆したものの、市場の期待するレベルの「ハト派」姿勢はなく、昨年末の世界同時株安を招く一因となりました。

ＦＲＢは２０１５年末の利上げ再開時に目標とした政策金利を３・５％まで引き上げることを目指していたこともあるかもしれません。このＦＯＭＣを受けて、私は以下のように感じました。


「パウエル議長は株式市場を殺したいのだろうか？　経済指標も読めないのだろうか？　そうか、ＦＲＢの役目は株価の安定ではなく、物価と雇用の安定をさせることで、そこはできていると言いたいのだろう。そうですか……私の経済分析だと、今利上げすれば株価はリセッションを織り込みに行くと思う。それなら、下げ過ぎた株価の反発相場から長期的なリスクオフを加速させて応じるまで」と。

これまでもパウエル議長の発言は二転三転し、市場の混乱を招いてきました。昨年10月、政策金利の「到達点」の目安として重視される中立金利まで「まだ距離がある」と語られたため株価が急落したこともありました。しかし、この時の株価下落を私は歓迎しました。

前著で私が２０１６年秋・冬から株を買いだと判断した理由の一つに、イエレン前議長が利上げ回数の引き上げ見通しと強気姿勢を挙げたことがあり、長期的には利上げに強気な間は好景気ダンスの音が鳴りやんでいないと判断しました。

従いまして、10月のＦＯＭＣ後に「そんなに米景気は強いのか？　そんなに利上げできるならまだまだ経済指標は改善し、年初来高値圏にある株価はさらに一段高になるだろう」と考えて、久しぶりに中期以上のスタンスでリスクオンのポジション増しに動きました。正直、近年のポジショニングで損をしたのはこの時くらいと言っていいほど、パウエル議長の発言を恨めしく感じました。というのは、直後の翌月11月には中立金利が「（推計値を）わずかに下回る」と判断をまた変更したからです。

確かに、データで柔軟に変化することは正しく、それほど急激に景況感が悪化したということで仕方ないとも受け止めておりました。

しかし、そんな弱気の翌月のＦＯＭＣ後の会見では、利上げ路線とＱＴの堅持姿勢を鮮明にもしたものだから、「なんなんだこの議長さんは？」と私は呆れてこの本を書き出したことも事実だったのです。

それが年末年始の株安を受けて、1月4日に「バランスシートの圧縮など金融政策の正常化は、必要とあれば大幅な見直しもためらわない」と歴代議長との討論会でパウエル氏が今後の政策運営を慎重に進める考えを強調。すると、寄り付きから買い優勢だった米株式相場はすると上げ幅を広げ、パウエル・プットは市場から称賛を浴びたのです。

その後はみなさまご存じのように、データを読めているようで読めていない二転三転がお好きなパウエル議長は、年明けにはハト派に転換し、1月のFOMCでは市場予想を超えるハト派姿勢を鮮明にしました。これは、市場が望んでいたまさに満額回答の方針で、そのポイントは以下のようなものでした。

・段階的な利上げを停止し、利上げ継続方針を撤回し、今後の金融政策は「忍耐強く」判断していき、金融政策はデータ次第
・「いくらかのさらなる段階的な利上げ」、「リスクはおおむね均衡している」文言削除
・直近数か月の経済環境※から政策調整は様子見が必要で、利上げをする理由はやや弱まっている（※以前はチャイナリスクだけだったものが、今回は「イギリスのEU離脱、貿易摩擦、

政府機関の一部閉鎖」で経済判断を若干弱めた）
・保有資産圧縮の柔軟化姿勢を示し調整（減額や停止）を示唆し、（粛々と圧縮していた）保有資産の規模や構成の見直しを含むあらゆる手段を講じる用意があるとも表明

保有資産縮小計画の修正について声明文とはわざわざ別の資料を示して政策調整の姿勢を鮮明にしたことは、一層のハト派の印象を市場に持たせたと感じました。

記者会見でこの先のシナリオについて聞かれたパウエル議長は、「Ｆｅｄをみる人たちも忍耐強くあってほしい（＝自分たちも決めていないので、見通しを決めるのに待ってほしい）」という回答でした。

その結果、

・次回３月のＦＯＭＣでの利上げ確率はほぼ０％に
・10年・２年物国債利回りの差が拡大
・米主要３市場は大きく上昇
・為替は一時１０８円台もすぐに１０９円台を回復する底堅さ
・ＶＩＸ低下

・景気の鏡である上げ基調だった銅先物価格はさらに上昇と市場もいいムードになりました。

これを受けて、私は長期的なリスクオフを一時ストップという判断を下したのでした。

では、今後はどのような投資戦略とシナリオで臨むのがいいのか、次項では本章の仕上げとしてそれをお話しさせて頂きたいと思います。

2019年春以降、株で勝つための投資戦略

まず、結論から申し上げます。現在の市況分析から2020~2021年あたりのリセッションを中長期的に見込んで、以下を基本の投資戦略に据えました。

・相場が上がっても売り、下がっても売りの機会とし、次の相場サイクルに向けた買い余力を増やす

・一時的な株価急落局面で、短期2倍株狙いを行う

これは、相場観で後述するメイン・楽観シナリオのような展開となれば、この長期相場の最終仕上げとなる**売りのラストチャンスにしたい**と考えておりますし、これも後述する悲観シナリオのような展開となれば、早期に**市場から撤収していく意味での売りの機会**にあてたいと考えております（どのシナリオでも短期の急落は逆張り買いを狙う）。

いずれにしても、遅行指数の過熱感、米利上げの頭打ち感と日欧による金融緩和の減速・引き締めという方向性から長期的な相場サイクルの判断は大局的に変わりません。

✤相場展望の鍵を握る米国の利上げとその行方

2月に入り、貿易協議期限の3月1日までに米中首脳会談が行われないという報道で株価は急落し、逆にその後に3月1日の交渉期限の延長や3月中の米中首脳会談の観測報道が出れば世界同時株高という具合に、一喜一憂の相場が続いております。

そんな中、場の雰囲気に流されずに賢い投資を行うには、投資運用の有益指標である「金利の動き」に注目する必要があると考えます。長期的にも米国の金利政策を見ることは最も重要ですが、2019年1月の利上げ停止の最中という環境から、特に今後の金融市場がFRBの出方に大きく左右されることは間違いありません。

FRBのパウエル議長は、金融政策はデータ次第のリスク管理という趣旨の説明を1月のFOMCで行い、彼らも金融の手綱の強弱をまさにその都度の状況で考えていくわけです。これは、今後の利上げも利下げもどちらもありうる可能性を示唆しています。

2月6日の米経済番組でイエレン前FRB議長も「世界景気が不調に陥り、金融情勢が一層引き締まり、米景気が弱まれば次の動きが利下げとなる可能性があるのは確かだ」とする一方、「再び利上げをしなければならない可能性」と言及しています。

もっとも、利上げの先行きを展望するのは容易ではありませんが、**相場のポジション自体はいつものように予想に賭ける愚かなことはしなくて**結構です。常に、**経済指標や金融政策など**

を目で見て、耳で聞いて確認できる状態になって「後出しじゃんけん」で動いても長期投資では十分に間に合います。

よって、以下の相場展望を参考にして頂きつつも、最終的には第2章で取り上げるような客観的なデータと売買ルールに則って合理的に投資に臨んで下さい。

✤メインシナリオ

米国やEUの政治リスクは、場当たり的な先送りと部分合意で最悪の事態を避けていくものの、最終決着は後ずれして政治リスクが延々と残ると見ています。その状況からFRBの様子見が継続し、2019年中の利上げはないと推測します。

その結果、米国の経済指標も堅調さを保ち、欧州・中国の景気減速に歯止めがかかれば、株価にとってはプチ適温が続くと見られます。まだまだ2019年年始からの株高に象徴されていますように、リスクマネーの熱は残っており、懸念事項で短期的な下げはあっても、2019年も株高基調は続くものと私は考えております。

そのような中で**日経平均株価は、昨年高値の2万4000円台を再び年央にもトライし、勢いがよければ昨年来高値の更新も視野に入れております。**

1ドル100~105円を超える円高が発生すれば話は変わってくると思いますが、現状は

ＦＲＢの利上げ休止・長期金利低下の割には円高が進行していないため、当面の強気な見通しにつながっています。第２章の逆イールドの経験則にも従えば、２０１９年の年末株高もあるかもしれません。

日本では5月からの新元号の祝賀ムードによる「記念消費効果」も、年央株高に向けてちょっぴり期待したいポジティブ材料です。消費増税はポイント還元で意外と目先の消費を引き上げて景気の失速を防ぐかもしれませんが、反動の出る２０２０年後半がリスクです。

その後は、世界経済をさらに一段と過熱させるような後方支援となる政策が特に見当たらず、人件費や原材料高などのコストが企業収益を圧迫するなど、**景気循環の波から徐々に経済指標の再悪化とリセッションの入口に向けた長期的な下り坂相場を想定**しております。

この場合は、ＦＲＢの利下げが２０２０年から始まると推察していますが、**長い利上げ停止明けの利下げはリスクオフ・サインとして警戒が必要**です。

その際には、警戒サインとなる炭鉱のカナリアとして、膨張した債務がリスク要因として常にＦＯＭＣで挙げられておりますので、トリプルＢ格社債スプレッド（国債との利回り差）が上昇しないかなど、市場金利の変化に目配りを怠らないようにして下さい。

✤楽観シナリオ

以下のような状況では相場の強い上昇につながると見ています。

・景気先行指標が強い基調維持（新規受注が強かった1月ＩＳＭ製造業景況感指数等）
・原油や銅などの商品価格も横ばいか少し強い程度で推移
・貿易協議の大きな進展あるいは解決による関税の引き下げ・撤廃
・英国のＥＵ離脱や米政権などの政治リスクでの混乱回避
・トランプ政権と民主党とでインフラによる景気刺激策が予想に反してまとまる

などすれば、市場は一層の株高になると思います。

その際には、**ＦＲＢは景気の先行きに自信を持ち、利上げを再開し円安が進んで日本企業の上方修正期待**につながり（直近決算で企業は為替の保守的姿勢に。例：キヤノンは２０１９年12月期に1ドル＝１０５円、日立建機は２０１９年１～３月期を1ドル＝１００円で想定等）、それらを追い風にして**日経平均株価は2万5000～3万円を目指すと期待**しております（この想定シナリオの場合、買いの投資ポジションを10～20％程度戻すことになると思います）。

ただし、この場合でもいずれ米長期金利の上昇が再び起こり、米住宅市況のさらなる減速感

＝売りサインが点灯し、あわせてＥＵの利上げや日銀の量的緩和解除等で金融が一層引き締められ、**２０２０年央～年末の株安、２０２１年以降の景気後退リスク**を見ておりＭます。

また、世界の諸問題のあからさまな悪化や決裂もない中での予防的な意味合いによる**「前向きな利下げ」が２０１９年６月までのＦＯＭＣで早急に実施されれば、これが景気のカンフル剤となり、目先１～２年の相場の反転になると判断**したいとも思っています。これは過去のスピード感ある利下げへの転進が相場の反転になってきた米相場の歴史（第２章参照）に根拠を持っております。

つまり、楽観的なシナリオのキーは、強い経済指標と政治リスク低下によるＦＲＢの利上げか予防的な意味合いでの即座の（２０１９年６月までの）利下げで、その際にはこの楽観シナリオがメインシナリオに入れ替わる可能性が高いことを意味しています。

✤悲観シナリオ

悲観シナリオでは、米中の貿易摩擦で当面の折り合いすらつかずに最終的に追加関税が引き上げられるなど、景気減速ファクターの深度が深まる局面が想定されます。この場合には**ＦＲＢが追い込まれた形で「後ろ向きの利下げ」をしても、利下げが今後の景気先行きの下振れリスクと捉えられ、金融政策のみでリセッション入りを止めることは厳しい**と考えています。

この悲観の際には、米長期金利の低下と円高が進み、家計の逆資産効果も相まって、長期的な投資マネーは2018年末よりもますます逆流し、株の暴落につながるでしょう。

また、政治リスクの低減も市場の事前織り込みもなく、目先の経済指標の堅調さだけを根拠とした米FRBの「タカ派姿勢での唐突な利上げ」が、株価の急落と金融施策の失敗をトリガーとしたリセッションを生むリスクも頭の隅に入れておいて下さい。

こうなると、**日経平均は1万5000～1万6000円前後くらいまで下げるかもしれません**。悲観シナリオの発生で株価のダウントレンドが生じれば、株価が示す沈黙のメッセージを信じ、欲をかかずにキャッシュポジションを積み重ねることになるでしょう。

他にも、相場を展望するうえで重要な指標は様々あります。例えば、商品価格の急な変動には注意が必要です。代表的な価格であるWTI原油価格の1バレル80ドル台への急騰はインフレと金利の上昇を、逆に30ドル台への急落は設備投資の縮小などを急速に生むので、楽観あるいはメインシナリオのためにも程よい商品価格が望まれます。

いずれにしても、**われわれの投資リスク管理もデータ次第**ということです。

そして、そのデータの数値に従って、合理的な投資ポジションの構築をするためのヒントを次の第2章でご紹介させて頂きます。

【コラム】1929年の世界恐慌前に今が類似？ 悲観を超えた「最悪シナリオ」

日経平均は一目均衡表週足の雲の上限と2万2000円を抜けられない中、OECDが19年3月6日に世界経済の見通しを11月から再び下方修正し、米ベージュブックでは多くの地域で景気減速が指摘され、米長期金利は景気減速を意識して低下となりました。そして、貿易摩擦が米中のみならず、ジワリ広がっていることにも留意しておきたいところです。

トランプ政権はインドを途上国向けの一般特恵関税制度の対象から外す意向を米議会に伝えました。インドはこの制度の最も大きな恩恵を受けており、対象外となれば総額57億ドル（約6400億円）相当の品目に影響が及びます。中国は、カナダの農産品大手企業の菜種（キャノーラ）の輸出許可を取り消し、豪州からの石炭輸入を東北部にある遼寧省大連など5つの港で無期限の禁止にしました。

私は、第1章でシラーPERの世界恐慌前以来の過熱をご紹介しましたが、現況の政治・経済がだんだん世界恐慌時代に類似してきたことにブラックスワン的なリスクへの心配もわずかに感じ始めました。20年代の大半で米大統領を務めたクーリッジは保護主義政策を掲げ、白人至上主義の秘密組織「KKK（クー・クラックス・クラン）」などの保守勢力が台頭して、海外からの移民制限を実現させました。

そして、当時も金融緩和と低金利下の中で株価は熱狂に包まれていました。更に、当時も政府の戦時公債が短期金利を押し上げ逆イールドが発生し、現在は大規模減税のためにトランプ政権が資金手当てに大量発行している財務省証券（ＴＢ）と逆イールド（２年物・５年物）を含むイールドカーブのフラット化が起きています。

つまり、当時も今も保護主義による世界ドミノと膨大する債務悪化が類似しています。

なお、全人代の行われている中国では、足元で上海総合指数の株価急伸の目立つ一方で、政府の財政政策は、財政健全性に配慮しチャイナショック翌年の16年を下回り、市場の期待にも届きませんでした。英国のＥＵ離脱や域内経済の盟主ドイツの先行きも一層不透明感を増しております。これらは２月に原稿を書いた時よりも、株価の先行きを占うマクロ環境が幾分厳しくなった印象を持ちました。

最終的には金利や株価などの動きに追随していくだけですが、さすがに「こんな恐慌のまさか」は望んでいません。当時は29年９月から32年７月までダウが約90％も下落し、その後に当時の最高値を更新したのが54年の11月で恐慌暴落から25年も経っておりました。これがただの一抹の杞憂で終わることを望みたいものです。

[**第2章**]

長期相場の売り時とリスク管理に役立つ33指標

以下の※の４項目をお読み頂き、
「はて、何の話？　ＦＦ金利って何だっけ？」という方は
第５章からお読み頂き
基礎知識を学んでから**第２章**に戻って頂くことをおすすめします。

※金利と株価は超長期では逆相関関係
※金利は経済・景気のすべてを動かすコントローラー
※ＦＦ金利が今の世界経済で最も重要な経済指標
※この半世紀の間の日本の利上げは米国の後追い

『売り時』を逃さない33指標とリスク管理活用法

今回ご紹介する33指標を活用したリスク管理法は、決して1で買って100で売る＝最安値で買って最高値で売ることをお約束する手法ではございません。これは、あくまでも長期投資における大怪我を防ぎ、トータルで「負けない仕組み」を目指したもので、投資のポジションを取る際の合理的で感情を挟まない規律です。

もちろん、ほぼ最安値圏で買って、最高値圏で売れるようなケースもございますが、あくまでもそれは結果論にすぎません。

そもそも、「最高値で売るのは今！」が最も難しくてわからないものなので、売りは買い以上に散らせるようなルール設計になっています。

ここでご紹介する金利や株価や経済指標を使った長期投資のリスク管理は、大雑把に過去の相場の歴史において天井圏や底値圏、あるいは相場の潮目の変化をとらえる確率優位のルールです。

もちろん、どれか一つの指標で設定したルールが100％成功するというわけではありませんが、あくまでも簡単に判別ができて、反復して使える長期的な売買判定術を束にして、全体での成功確率を上げて相場を生き抜く術です。

統計と相場の歴史を根拠とした「確率優位の指標によるミルフィーユ」のようなものといってもよいかもしれません。

私はこれがあるからこそ、全体相場を読み解き、それなりに長期相場で好機に乗れて、それなりに大怪我をしない時期に安全域を高めてきました。

この重要性に関しては、第5章でも補足しておりますが、投資で世界一になったバフェットの師匠にあたるベンジャミン・グレアムの教えを自分なりに活かして構築をして参りました。


また、バフェットは、金利や異常な変化を見せる指標で天井圏と判定できる少し早すぎる時期からポジション調整を行い、必ず経済危機や不景気の時までに大きなキャッシュを用意しておいて、株を買って成功してきました。それを見習っていきたいと構築したのが客観的な指標による長期投資のリスク管理法でした。

その内訳は、経済のコントローラーとなる「金利とその金利を調整する金融政策」、それを先読みして動く「株価」、経済動態の今がわかる体温計となる「経済指標」で構成されております。

なんとなくの予想や勘だけで当てずっぽうにお金を動かすのは、レーダーも搭載していない戦闘機で戦場に向かうのに等しいと思いますので、市場においてトータルで負けても当然の結果です。それは、もはやギャンブルの域です。

あくまでも全体市場は慎重かつ合理的に安全域を意識しながら、大きな変化が望める個別株投資を行うというスタンスが私の投資哲学の基本でもあります。

具体的な各指標とルールを下記の図表で早速お披露目させて頂きます。**どういう時にリスクオフ（キャッシュポジションの形成）のサインが点灯し、何%をキャッシュにし、その後にそのリスクオフのポジションを解除するルールの一覧となっております。**

このような客観的なナビに最終的に従いますので、長い目で見るとたいていい相場で笑えているのはこのお陰です。

このように指標を一つ一つ確認するのは面倒かもしれませんが、外出するのに天気を確認するでしょうし、会社のメールを日々チェックしているように、株式投資はビジネスでありサバイバルでもありますから、きめ細やかにチェックをしてそれをうまく活用する努力が必要なのは投資で勝つためには当たり前のことだと思います。

以前より何度も書いて参りましたが、「全体市場の低い所で買って高い所で売る」、あるいは「不景気で買って、好景気の初期で買い増して、好景気絶頂で売り始めて、景気が減速して来たらさらに売って、不景気の尻尾が見えたらキャッシュを多く抱えておく」ことこそが株長者の秘訣です。

効率を考えなければ、不景気の底値、上げ相場の初期で買う個別株は倒産しないものを仕込んでおけば10倍か2倍の差はあっても、そのほとんどの株で儲けられているはずです。

では、全体相場の体温計となる指標とそれを活用した投資ポジションの具体的な取り方をご紹介します。

最初は、最も重要となる金利とそれを左右する主要中央銀行の政策に連動したルールの中から、一番ルールの少ないＥＣＢからご紹介し、最も重要なＦＲＢと米金利関連指標を最後にご紹介したいと思います。

ＥＣＢの金融政策によるルールと現状

まず、後述する設定ルールの一番少ないＥＣＢ政策の現状は以下の通りです。

欧州中央銀行（ＥＣＢ）のドラギ総裁は、１月24日に開いた理事会後の記者会見で「リスクが下方に動いた」と語り、２０１８年12月に「おおむね（上下でリスクは）バランスしているが、下方に動きつつある」としていたものを下方修正しました。これは、欧州経済がさらに減速する可能性に踏み込み、欧州経済の厳しさをより鮮明に感じるものでした。

ただ、ドラギ総裁は失業率の低下で賃上げの動きが広がりつつあり、内需に支えられる形で経済成長が続いているため景気の腰折れの可能性はまだ低いとして、政策金利の水準や政策の先行き方針は変更しませんでした。

一方で、経済や物価の見通しが厳しくなるなか、ＥＣＢの最短２０１９年秋とも読み取れるフォワードガイダンスの利上げに懐疑的な見方が広がっており、金融市場では、将来の金融政策の見通しを反映する長期金利がじりじりと低下しているのが現状です。

この現況をどのように投資に活かすのか、以下の売買ルールが私からのご提案です。

ECB金融政策を活かしたポジション調整ルール

❶量的緩和終了で2%オフ(売り)
❷利上げ開始で2%オフ

①量的緩和開始で2%オン(買い)
②利下げで2%オン

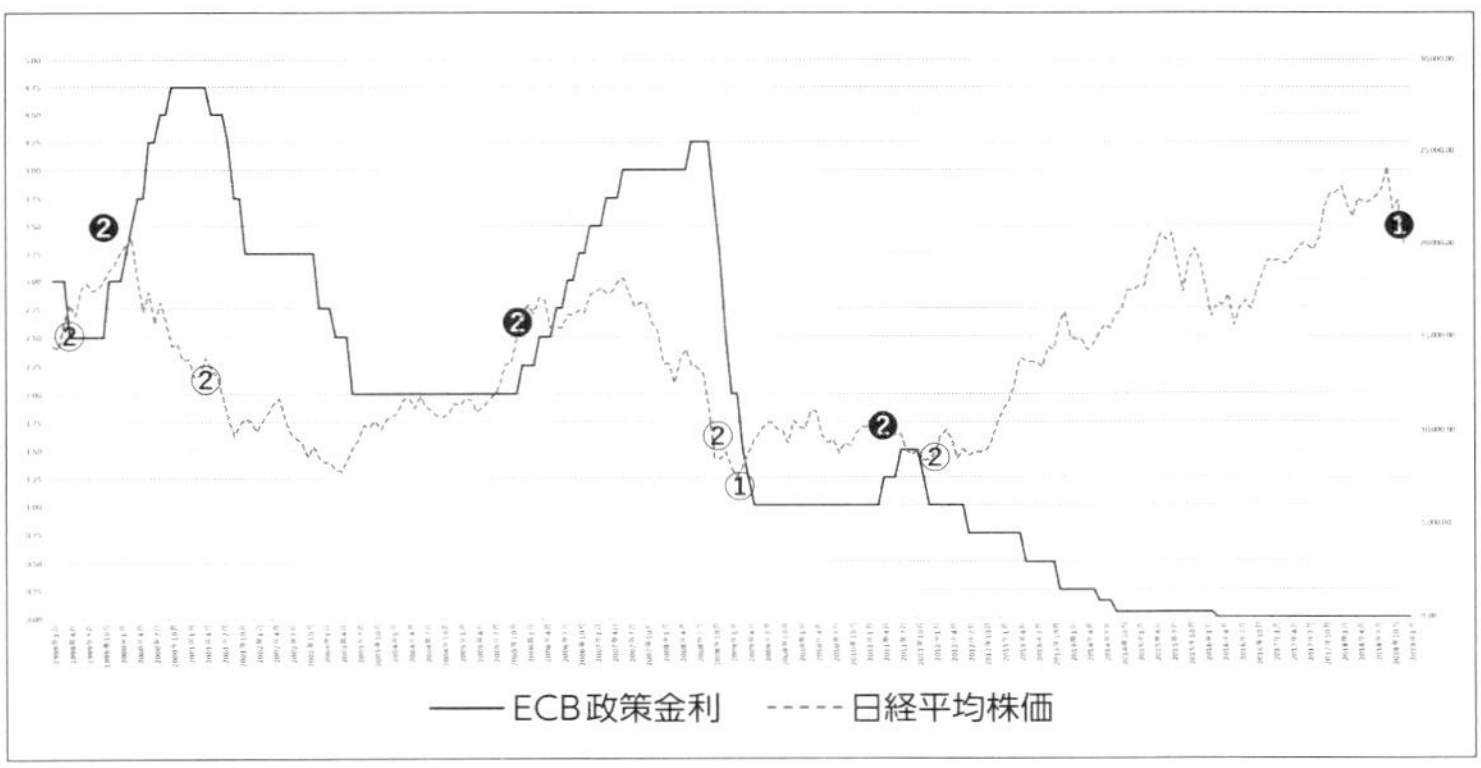

間違えようのない、簡単なルール。
「2」の政策金利の利上げと利下げはネットですぐに推移チャートが見つかると思います。(例;https://www.gaitame.com/markets/seisakukinri/)
「1」の緩和の終了、開始は日頃の経済ニュースかググるとわかると思います。

上記のルールに従えば、日本株はこの20年間の投資で負けなしの優位に立てる!
勝率が高いので、バックデータの年月が伸長すれば、ルールのスコア配分は大きくするかもしれません。

✤現状のポジション判断

ＥＣＢは２０１８年12月13日の理事会で、量的緩和政策の年内打ち切りと決めました。

これにより、リスク管理のポジショニング規律に従って、２％のキャッシュポジションを増やす（リスクオフ）という判断になります。

さらに、ＥＣＢは「少なくとも２０１９年の夏まで」は現在の金利水準を維持すると改めて表明しておりますので、利上げによるリスクオフ・ポジションの追加は最速でも秋以降になりそうです。

また、ＥＣＢの資産圧縮（ＱＴ）によるリスクオフ・サインの追加は、見送っておりますが、利上げを始めてからしばらくは量的緩和政策で買い入れた債券の残高を維持するという文言が新しく盛り込まれたため、精査する時間の余裕がとれる方はＱＴをリスクオフルールに組み込んでもよいと思います。

単体だけで見れば、売買ルールはシンプルで簡単だとお感じ頂けたかと思います。

日銀の金融政策によるルールと現状

続いて、われらが日本の中央銀行である日銀の政策現状をチェックしましょう。

現状は、日銀の資金供給量の伸びにブレーキがかかっています。2018年12月末の残高は504兆円で前年同月末比の増加額は24兆円と異次元緩和直前の2013年2月以来の小ささとなりました。

日銀が金融緩和の副作用などを意識し、国債の購入量を減らし、2016年秋以降、長期金利を0%程度に誘導することに金融緩和の軸足を移し、量的緩和にブレーキをかけているためです。日銀が持つ長期国債の年間増加額も37兆円強とピークの半分以下になっています。株式市場で25兆円前後とされるETFの買い入れ残高の後処理も注目されていくものと思います。

いずれにしても、日銀はさらなる金融緩和には動きにくく、大量の国債、ETF購入、マイナス金利と長期金利のゼロ誘導などあらゆる手段を講じた金融政策は限界にきています。次の景気後退局面では日銀の打つ手が限られることは円高圧力を強めるなどリスクとして大きいことも日本株の頭を抑えているかもしれませんね。

日銀金融政策を活かしたポジション調整ルール

❶量的緩和減速で2%オフ
❷量的緩和終了で２%オフ
❸１年半来高金利で2%オフ

①量的緩和開始・再加速で3%オン（買い）
②１年半来低金利で3%オン

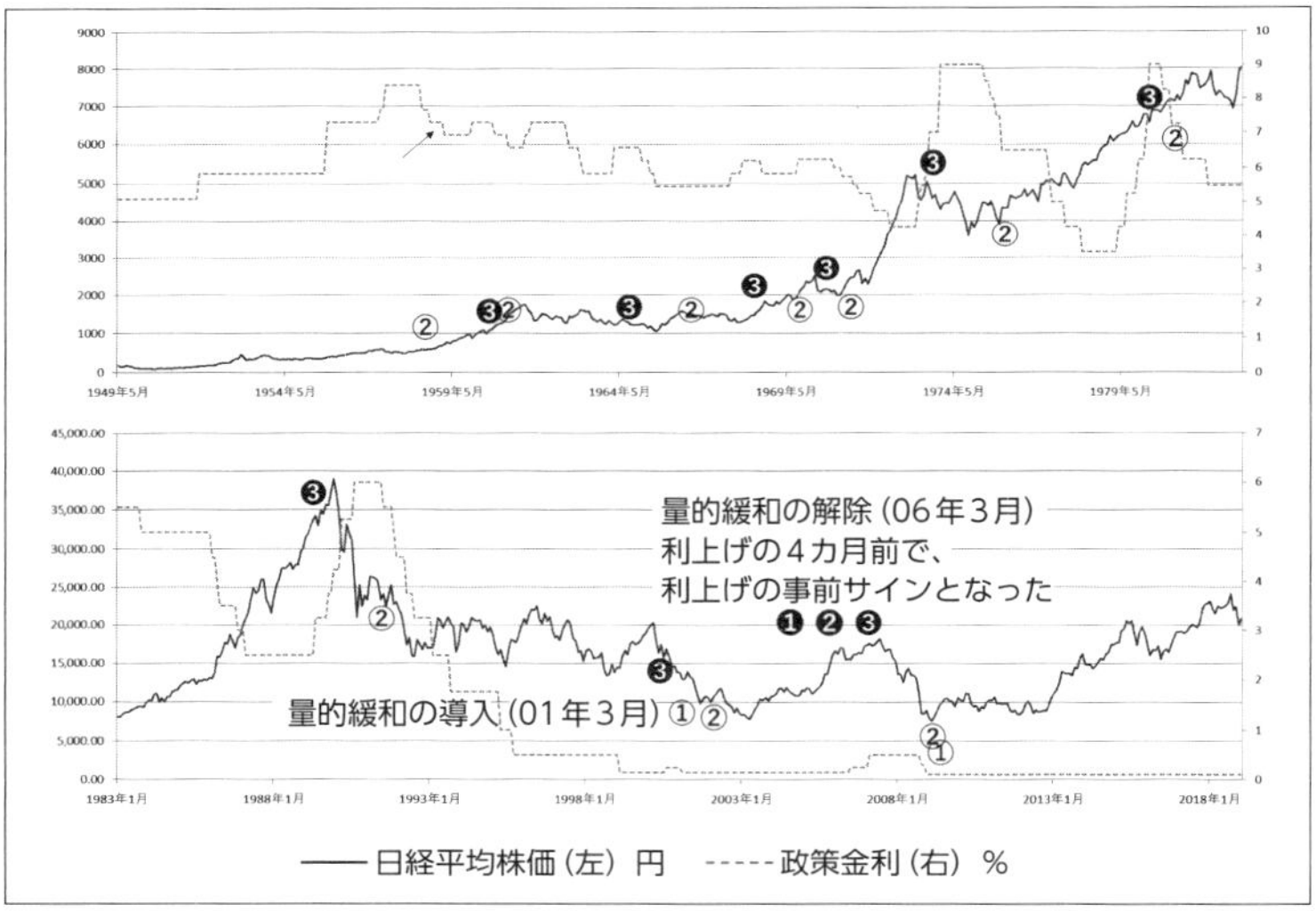

金利の横ばいが続いて、最新日から過去を振り返って、１年半来の低・高金利になっていれば「2」のサインとなります。
「2」の政策金利も「1」の緩和の減速、終了、開始も日頃の経済ニュースかググるとわかると思います。
上記のルールに従えば、日本株は過去60年間の投資で勝率80%。（年利8.8%、開始時から資産111倍）

〈現状のポジション判断〉
前ページにあるように、❶減速しているので2%オフ

ＦＲＢの金融政策によるルールと現状

主要中央銀行最後は、最も重要なＦＲＢの現状は前章の「世界経済の防波堤「中央銀行」がこの荒波を止められるか？」に詳細を綴りましたが、簡単に現状（２０１９年１月ＦＯＭＣ）をまとめておきましょう。

・ＦＲＢは３年続いた利上げ路線を休止する
・定番文句の「先行きは段階的な利上げが正当化される」を、声明文から完全に削除
・声明で次の政策変更で金利を上げるのか下げるのかを示さなかった
・「量的引き締め」を早期に手じまいすると断言
・フォワードガイダンスがなくなり、市場へのサプライズが起きやすくなっている
・金融政策はデータ次第でリスク管理と表現
・米景気の状態は良好、２０１８年よりも成長鈍化も堅調なペースで拡大する
・海外の経済成長鈍化は特に中国と欧州
・不透明感は英国のＥＵ離脱、貿易摩擦を巡る交渉、米政府機関の部分閉鎖の問題
・米社債市場の動向は引き続き注視

✤現状のポジション判断

ＦＲＢは２０１７年10月に資産圧縮を始めておりますので、❷サインで２％オフ。２０１９年１月に利上げ停止を行いましたので、❶のサインとして１月に１％、さらに２月に１％と６カ月をかけて１％ずつポジションを落として売りのサインとなります。

なお、１９８０年代後半の日本のバブルとその後の日米株価の相関性の低さからそれ以前の年代の検証ははずしておりますが、現在のように日本の経済成長が世界経済へ依存している現状で前ページの時代の検証ルールの有効性は維持されると考えております。

また、第１章にて半年以内の利下げを例外的な買いサインとして書いたのも、この１９９５年の検証に基づきます。もちろん、もっと以前の１９６０年代や１９７０年代の検証でも利上げ停止後のスピーディーな利上げは当面の株の反発につながっておりますので、このような例外措置を入れております（その６～９カ月後に❶―３の利下げの売りサインとすることもお忘れなく）。

では、続けてＦＲＢの政策が波及して動く金利を活用したルール設定をご紹介します。

FRB金融政策を活かしたポジション調整ルール

❶政策金利の変化で6%オフ

1：利上げ開始

2：利上げ停止・様子見（6カ月かけて1ずつ落とす）

3：利下げで

└③例外：利上げ休止半年以内での早期利下げは6-9カ月間プラスポジションを取るサインとし、その後❶-3のリスクオフ

❷量的引き締め（例えば3カ月かけて）で2%オフ

①政策金利の変化で6%オン

1：再開（2回目の利上げ）

2：再開

3：利下げから1年半経過

└例外のケースではリスクオフに転じてから1年半後（最初の利下げから24～27カ月後）

②量的緩和開始で2%オン

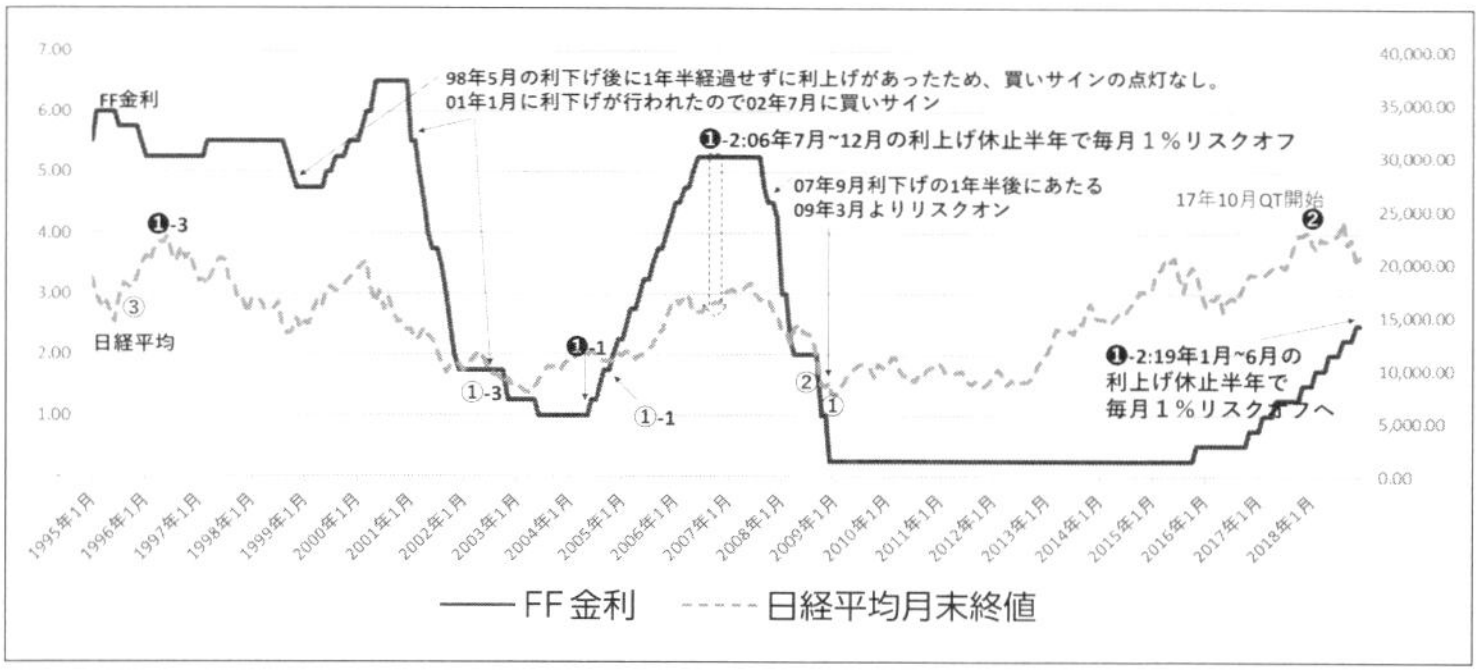

FF金利

08年～：https://fred.stlouisfed.org/series/DFEDTARU

08年前：https://fred.stlouisfed.org/series/DFEDTAR

逆イールドが示唆する「2019年株高天井と2021年末株安底値」

昨年末から話題になった逆イールドもFRBの動向に左右されて動きます。この逆イールドについて、少し細かく検証をシェアさせて頂きたいと思います。

もっともその前に、逆イールドについて改めてご説明しておきます。

逆イールドとは、債券市場で満期までの期間が長い債券の利回りが、短い債券の利回りを下回って長短金利が逆転することです。通常、満期までの期間を横軸に、それぞれの債券の利回りを縦軸にとった利回り曲線「イールドカーブ」は、期間の長い債券ほど利回りが高いため右肩上がりの順イールドとなります（次ページの図表もご参照ください）。

長期金利は将来の景気を映し、短期金利は金融政策に連動しやすく、長短金利の逆転は、弱まりつつある成長の実力に比べて政策金利が高くなった状態といわれています。

さらに、2019年1月末現在の市場で10年金利から2年金利を引いた利回り差をチャートでチェックすると、確かに景気後退前に逆イールドが起こっていることが次ページの図で確認できます。

景気との相関が高い利回り曲線

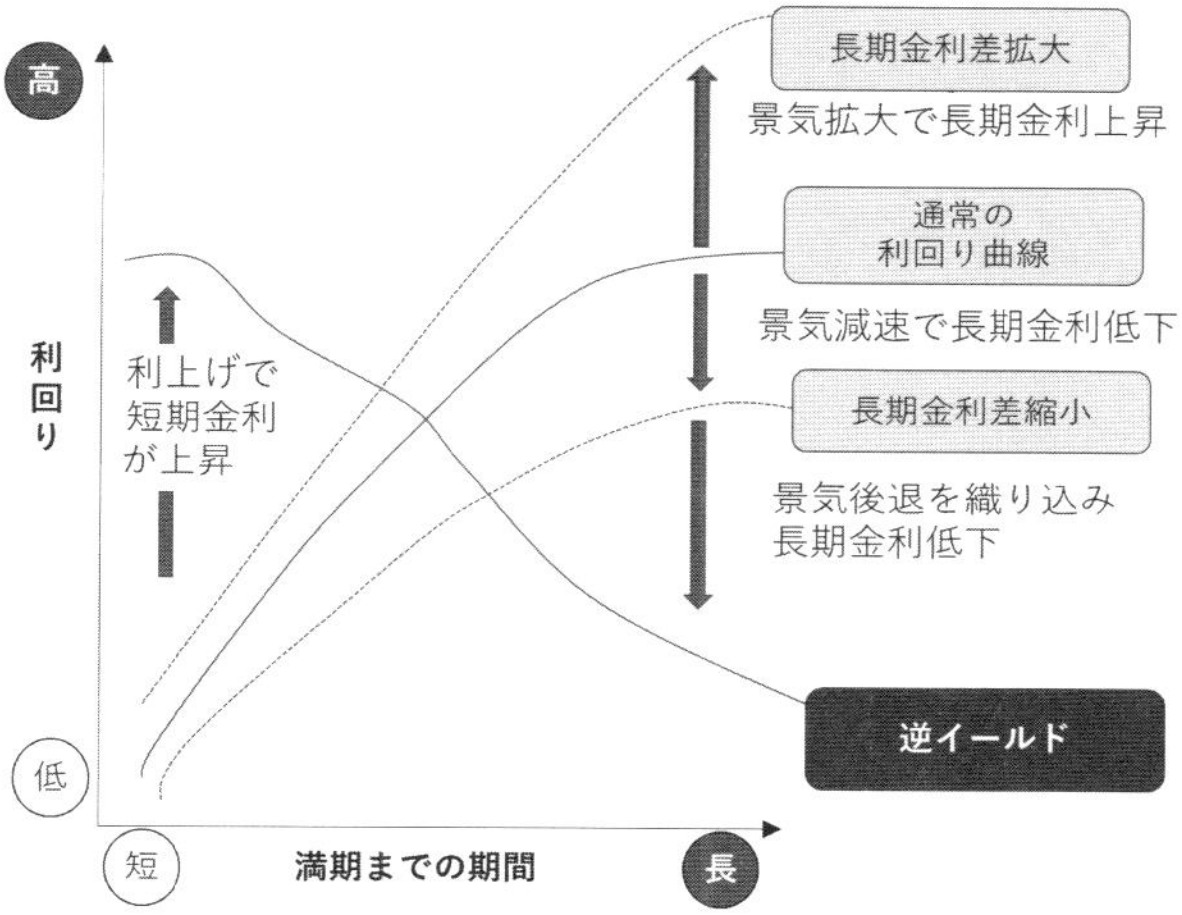

米10年物国債利回り－米2年物国債利回り

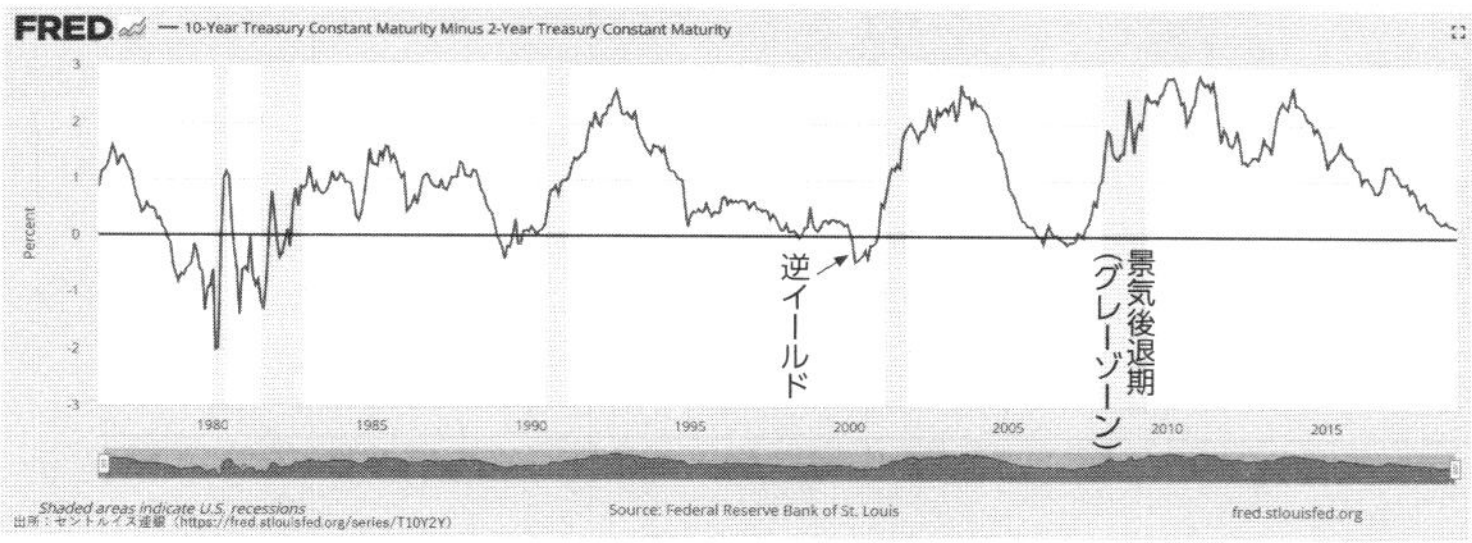

また、２０１８年12月の逆イールドは、２年・３年金利が５年金利を上回ったものでしたので、５年金利についてもご紹介します。

とあるエコノミストの意見によれば、この５年金利は先行きの不透明感を最も反映しやすいということです。仮にＦＲＢが利上げを停止したとしても、米中貿易戦争や中国景気の失速懸念などの不透明要因で５年物金利の低さが際立つ状況は、それだけ市場の景気不安が根強いことの証左ともいえるようです。

そして、**２年金利との逆イールドからおおよそ1年半～２年後に景気後退が起こるというのが定説**のようです。

ただ、私の関心はこの「逆イールド」が発生して、日経平均株価がその後いつ天井をつけて（または天井をすでにつけていて）、その後いつ株価が底値をつけているかという点です。われわれ投資家は株価がおおかた景気に先行するけれども、たまに株価の急落とリセッションが同時に起こることもあることをご存じだと思います。

であるならば、われわれ投資家が逆イールドにおいて知りたいのは、逆イールドのサイン点灯後の天井圏と底値圏とのタイムラグだと考えるわけです。

以下の検証結果から申し上げれば、10年・２年（1年）金利差と５年・２年（３年）金利差の逆イールドの発生時期はほとんど変わりませんでした。そこで、５年・３年金利差や10年・

1年金利差の期間の方が10年・2年金利差よりも昔に遡れるため、その結果も表にしました（検証時期には大きく株価が長期的に変動した時期を選定）。

その結果、長期金利が5年債・10年債の違いにかかわらず、**米国で逆イールドが発生する**と以下のような点で**日本株投資に活用できそうな株価の傾向**が把握できました。

逆イールド発生日とその後の株価天井・大底までの期間

5年・2年債 利回り差のマイナス	天井圏まで	底値圏まで
1988年12月2日	13カ月	43カ月
2000年3月16日	0カ月	37カ月
2005年11月28日	19カ月	39カ月

10年・2年債 利回り差のマイナス	天井圏まで	底値圏まで
1988年12月13日	13カ月	43カ月
2000年2月2日	1カ月	38カ月
2005年12月27日	18カ月	38カ月

5年・3年債 利回り差のマイナス	天井圏まで	底値圏まで
1973年2月21日	1カ月	20カ月
1988年12月2日	13カ月	43カ月
2000年3月16日	0カ月	37カ月
2005年12月20日	18カ月	38カ月

10年・1年債 利回り差のマイナス	天井圏まで	底値圏まで
1973年3月9日	0カ月	19カ月
1989年1月25日	11カ月	41カ月
2000年3月20日	0カ月	37カ月
2005年12月27日	18カ月	38カ月

・天井圏はおおよそ1年～1年半で到来する、あるいはサインと同時に発生する
・大底圏が平均して36カ月後に到来する（株価を安値で買う最高のタイミング）

また、現在の相場は低成長とはいえ戦後最長の好景気が持続していますから、1973年や2000年のように上昇期間が短くないため、1988年や2005年の12月の逆イールドサインを参考にしたいと考えます。

その場合には、**2019年春以降の日本株がもう一段高あるいは前回と同等の高値圏への戻り相場が到来し、**その後さらに2年ほどかけて**2021年末か2022年初頭あたりに不景気による株のどん底が待っている**と個人的には推定しています。この点は、第1章の日本株の2019年高値更新もありうるとのメイン・楽観シナリオにも合理的に反映させました。

私は個別株の分析もそうですが、理論があって現象を見るという感覚よりも、いつも今回のようにあるがままの相場の歴史を直視し、起こったことの要因分析とその結果の発生確率を調べ、投資で勝つために試行錯誤してきました。

しかしながら、過去の検証ならびに経験から見て100％うまくいく、あるいは機能するという法則やサインは基本的にない、あるいはあったとしても「いつかは例外で機能しない年が現れるかもしれない」と考える慎重さを持つようにしております。

そこで、確率優位の法則を数多く探して、それぞれがそれなりに過去のように未来でも当たり、中には過去とは違う動きをする中で、結果としてトータルでプラスになるようにリスクを複合的に管理しているのです。

それでも、この逆イールドに関しては、心強い参考となる言及を見つけました。

イエレン前FRB議長も議長時代の2017年に逆イールドに触れて、

・逆イールドと景気後退の発生は歴史的に見ると相関関係が認められる
・しかし、逆イールドが原因でリセッションが起きたわけではない

と講演の中で見識を述べておられたことがありました。

これは景気の体温計として逆イールドは機能するけれども、体温計が原因で景気が冷まされて不景気にならないのは当然のことです。投資家としては、相関関係によって相場の確率優位の先行きを知れるだけで十分です。

さらに、逆イールドを参考指標に位置付けたい検証結果が2019年2月8日にサンフランシスコ連銀から以下のように出されました。

・1955年1月～2018年2月までの米国であった9回のリセッション全てでリセッションに先行して1年国債と10年国債の逆イールドが発生
・逆イールド発生後に6～24カ月以内にリセッション入りしなかったのは1960年代に一度だけ

これらに基づいて、2019年株高、2021年末までのリセッション入り・株安底値圏という可能性が高いと本項のタイトルと致しました。

✤現状のポジション判断

まずルール設定ですが、前出のように5年債と10年債の逆イールドの発生期間差が短く、5年・2年物での逆イールド発生時期には必ず10年・2年物での逆イールドが発生してきたこと、10年・2年物と10年・1年物の発生期間差も短い史実に基づき、把握のしやすい10年・2年、5年・2年の逆イールドでリスク管理をしています。

❶各長短金利差の逆転で各2%オフ、❷「❶」の1年後に各2%オフ、
①各長短金利差が2%以上プラスに拡大で各2%オン、②「①」の1年後に各2%オン

という ルールに基づき、

現在は2018年12月の5・2年物の逆イールド発生で2%リスクオフという状況です。逆イールドは株価大底圏での買いに向けた準備期間のシグナルとして前向きに活用したいものですね。

なお、ページの関係上、前項までの相場の検証は政策金利までとさせて頂き、一部を除き本指標からルールと現状のみのご紹介となりますことをご容赦下さい。

米金利による相場のポジション・コントロール

✤投資適格トリプルB格社債スプレッド（国債との利回り差）

企業の債務拡大の中でも現在の相場サイクルで最も私が注目しているのが、投資適格社債の半分を占めるトリプルB級社債の動向です。トリプルB級は金利が上がり、経済が減速していくと投機的格付けに落ちる企業が増えるリスクを抱える点で、この相場ではハイイールド債よりも注目しております。２０１８年末は売りサインまで０・２と迫りましたが踏みとどまり、現状はまだリスクオフのサインはありません。（参照：https://fred.stlouisfed.org/series/FF）

✤TEDスプレッド

３カ月物米国短期国債（T-bill）の金利と、LIBOR（ロンドン銀行間取引金利）の３カ月物ユーロドル（Euro Dollar）金利との金利差のことをいいます。一般に、金融市場で信用不安が高まると、信用度の高い米国債が買われ、TEDスプレッドが拡大します。現状は安定でリスクサイン点灯はありません。（参照：https://fred.stlouisfed.org/series/TEDRATE）

トリプルB格社債スプレッド

❶2.2%以上に拡大で4%オフ

①2.2%未満に改善あるいは3.5%以上に悪化で4%オン

悪化の際には逆張り、改善の際には順張りとして使う

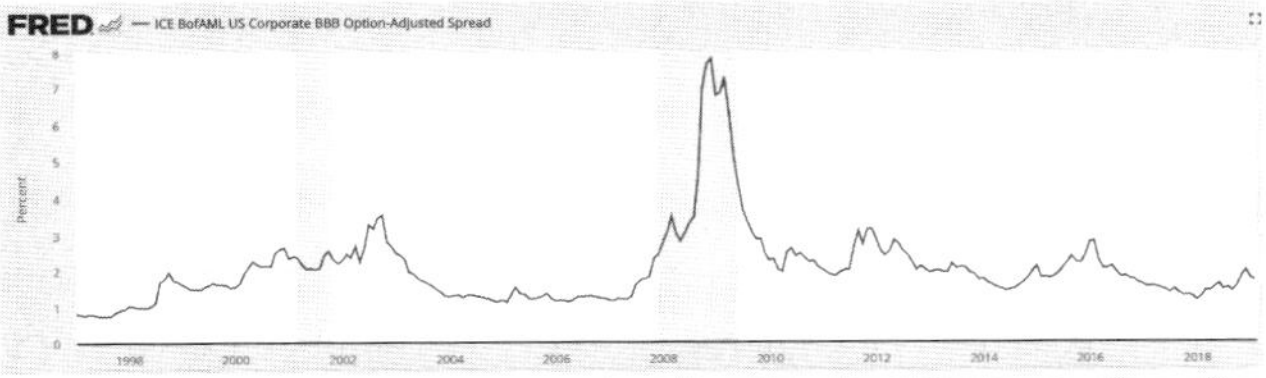

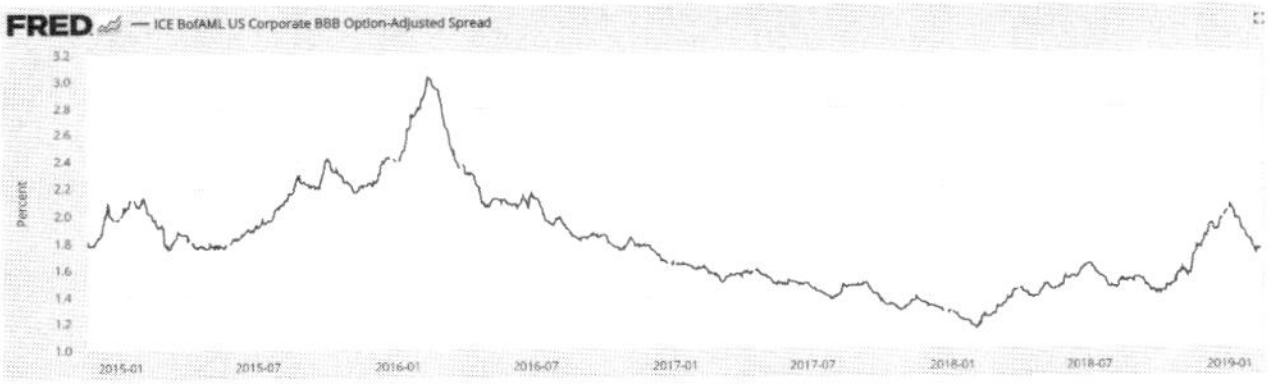

TEDスプレッド

❶1%以上、❷1.5%以上に拡大で各2%（計4%）オフ

①0.2%以下、②0.3以下に改善で各2%（計4%）オン

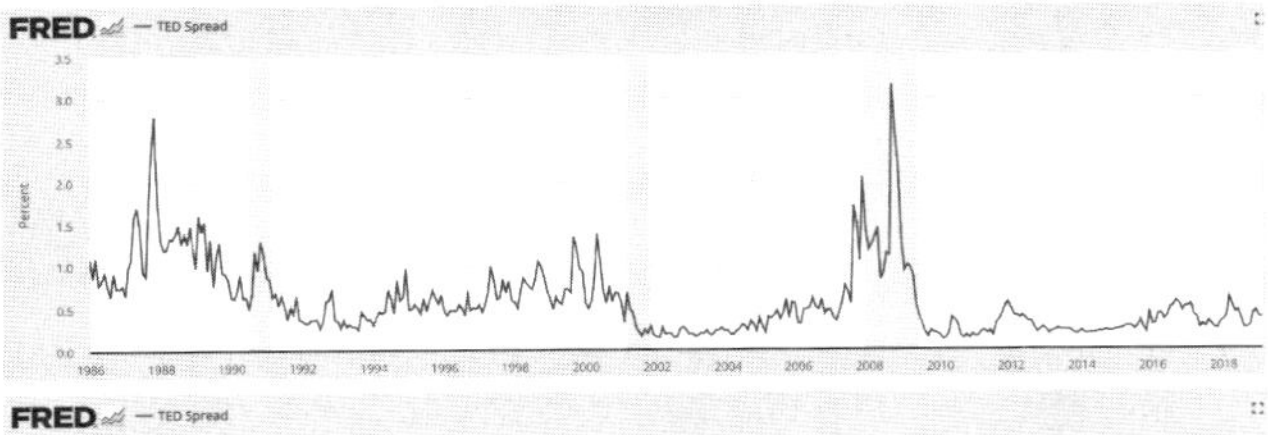

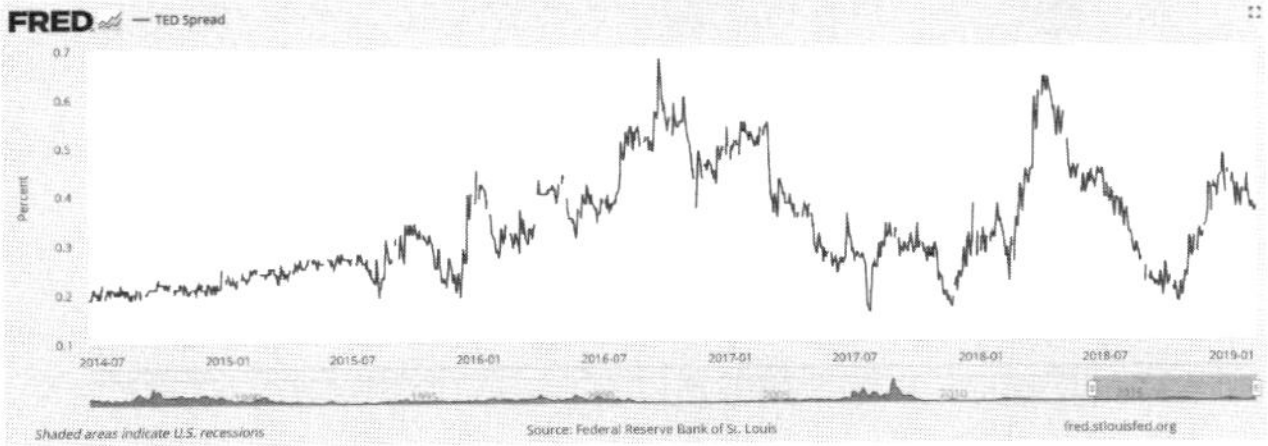

株価を活用して相場を読む！

株価に関する理論的な背景と分析は第5章にて詳しく行っておりますので、株価の景気への先行性や財務指標の有効性はそちらをご参照ください。

株価では、日経平均株価の週足・月足チャート並びに大化け加速逆サイン、TOPIXの大化け加速逆サイン、米国株の概ね全体を示す指数としてS&P500、S&PのボラティィリティＰ指数として逆張りの有効性があるVIX指数、景気敏感株の代表指数としてSOX指数、世界2位の経済大国となり注目が益々高まる上海総合指数を判定ルールに組み込みました。

SOX指数（※）の数値が高いのは、半導体が産業の米といわれる時代の100倍は産業界での重要性が増しており、5G・IoT・AI時代は半導体なしでは成り立たないため、配点を大きくしてあります。

※SOX指数（フィラデルフィア半導体株指数）とは、半導体の製造・流通・販売を手掛ける企業（インテル、AMD、クアルコムなど30銘柄）の株式で構成される単純平均株価指数で、アメリカのフィラデルフィア証券取引所が算出・公表しています

また、景気敏感株で相場サイクルを見る際には、大化け株の神様というべきピーター・リンチの以下の言葉と考察がためになりますので、参考に載せておきます。

『（景気敏感株の）利益がピークに達したら、景気循環の終盤にさしかかっている』

彼は、以下のような時が市況関連株を売る時と教えてくれています。

・既存工場がフル生産でさらに生産能力を高めるための投資を始めるとき
・コストの急増
・明らかな売りサインは在庫が積み増しされて会社がそれをさばけない
（↓値下げに追い込まれるときは少し遅いかもしれないがサインになる）

その他に、今後は上海総合指数の数値を大きくしたり、私が個人的に運用するプログラムではインドSENSEX指数を取り入れたりしており、他の指標も併せて、判定する指標は時代に併せて調節する必要は出てくるかと思います。

株価を活用したリスクオン・オフの判定基準

株価（先行財務指標）	配点	スコア	売り（条件・ポジション形成幅）	買い（条件・ポジション形成幅）
日経平均	4	2	❶週足一目均衡表の雲の下で2 ❷月足30カ月移動平均線の下で1 ❸月足60カ月移動平均線の下で1	①週足一目均衡表の雲の中上で2 ②月足30カ月移動平均線の上で1 ③月足60カ月移動平均線の上で1
大化け加速逆サイン①日経平均	2	2	❶週足1年半安値（かつ平均以上出来高、下落優位ローソク足）	①週足1年半高値（かつ平均以上出来高、上位優位ローソク足）
大化け加速逆サイン②TOPIX	2	0	❶週足1年半安値（かつ平均以上出来高、下落優位ローソク足）	①週足1年半高値（かつ平均以上出来高、上位優位ローソク足）
S&P500	2	0	❶週足一目均衡表雲の下	①週足一目均衡表雲の上
上海総合指数	3	0	❶週足一目均衡表雲の下	①週足一目均衡表雲の上
SOX指数	4	4	❶1年半来安値	①1年半来高値
VIX指数	3	1	❶12未満　❷11未満で2	①30以上　②40以上で2

各種それぞれ証券会社のツールをはじめ、有名なものばかりですので、ネット等でご参照ください

金融政策・金利を活用したリスクオン・オフの判定基準

金融政策・米金利（経済コントローラー）	配点	スコア	売り（条件・ポジション形成幅）	買い（条件・ポジション形成幅）
FRB金融政策	8	5	❶政策金利の変化で6 1：利上げ開始 2：利上げ停止・様子見（6カ月かけて1ずつ落とす） 3：利下げで ③例外：利上げ休止半年以内での早期利下げは6～9カ月間プラスポジションを取るサインとし、その後❶-3のリスクオフ ❷量的引き締め（例えば3カ月かけて）で2	①政策金利の変化で6 1：再開（2回目の利上げ） 2：再開 3：利下げから1年半経過 例外のケースではリスクオフに転じてから1年半後（最初の利下げから24～27カ月後） ②量的緩和開始で2
逆イールド（米10年債/5年債－2年債）	8	6	❶各長短金利差の逆転で2 ❷「①」の1年後に各2	①利回り差プラス2%以上で各2 ②「①」の1年後に各2
米トリプルB格社債スプレッド	4	4	❶2.2以上	②2.2未満もしくは3.5以上
米TEDスプレッド	4	4	❶1以上　❷1.5以上	①0.2以下　②0.3以下
ECB金融政策	6	4	❶量的緩和終了で2 ❷利上げ開始で4	①量的緩和開始で2 ②利下げ開始で4
日銀金融政策	6	4	❶量的緩和減速 ❷量的緩和終了 ❸1年半来高金利（横ばい継続後の水準含む）	①量的緩和開始・再加速 ②1年半来低金利（横ばい継続後の水準を含む）

前項のルールまとめも併せて掲載しましたのでご参照ください
※2019年2月5日現在

日経平均株価　週足・月足チャート

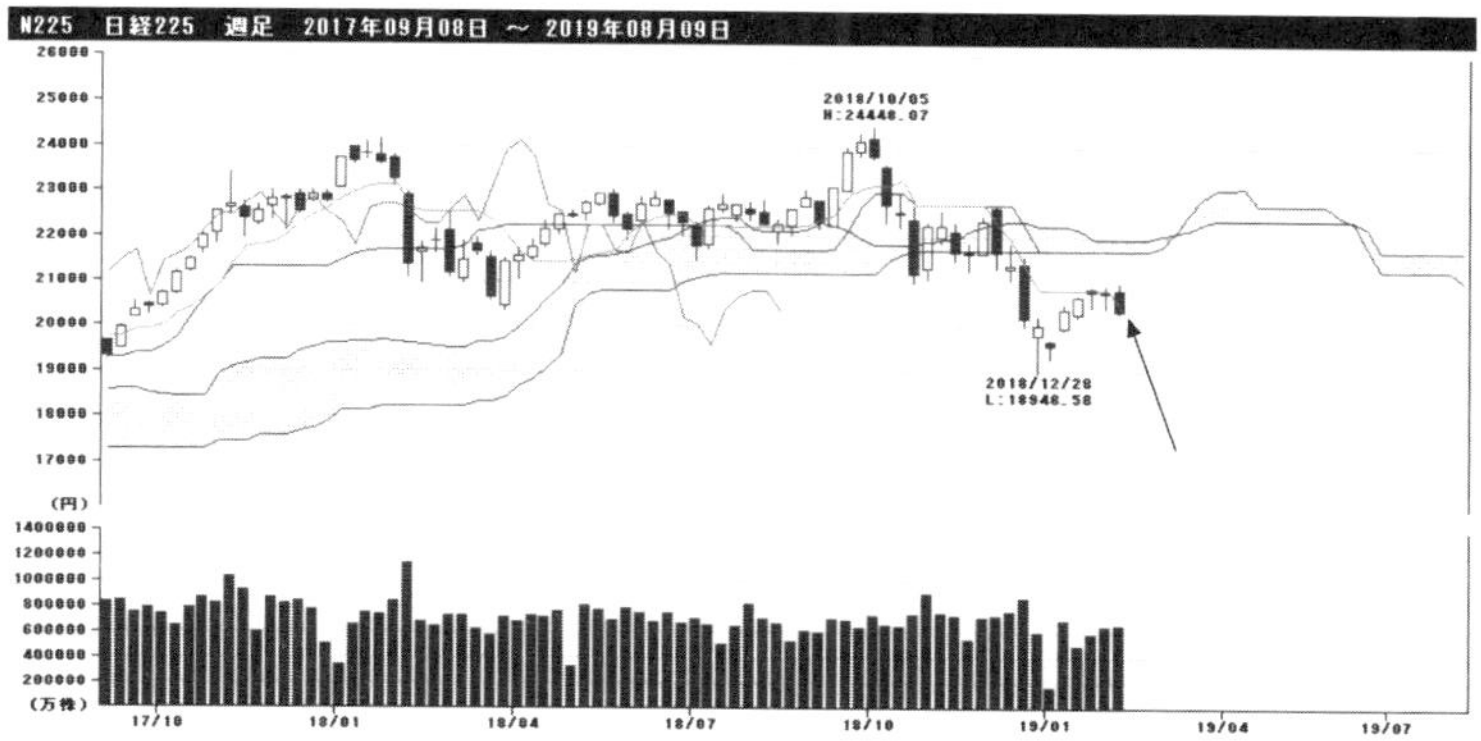

一目均衡表（週足）
雲の下で2%リスクオフ

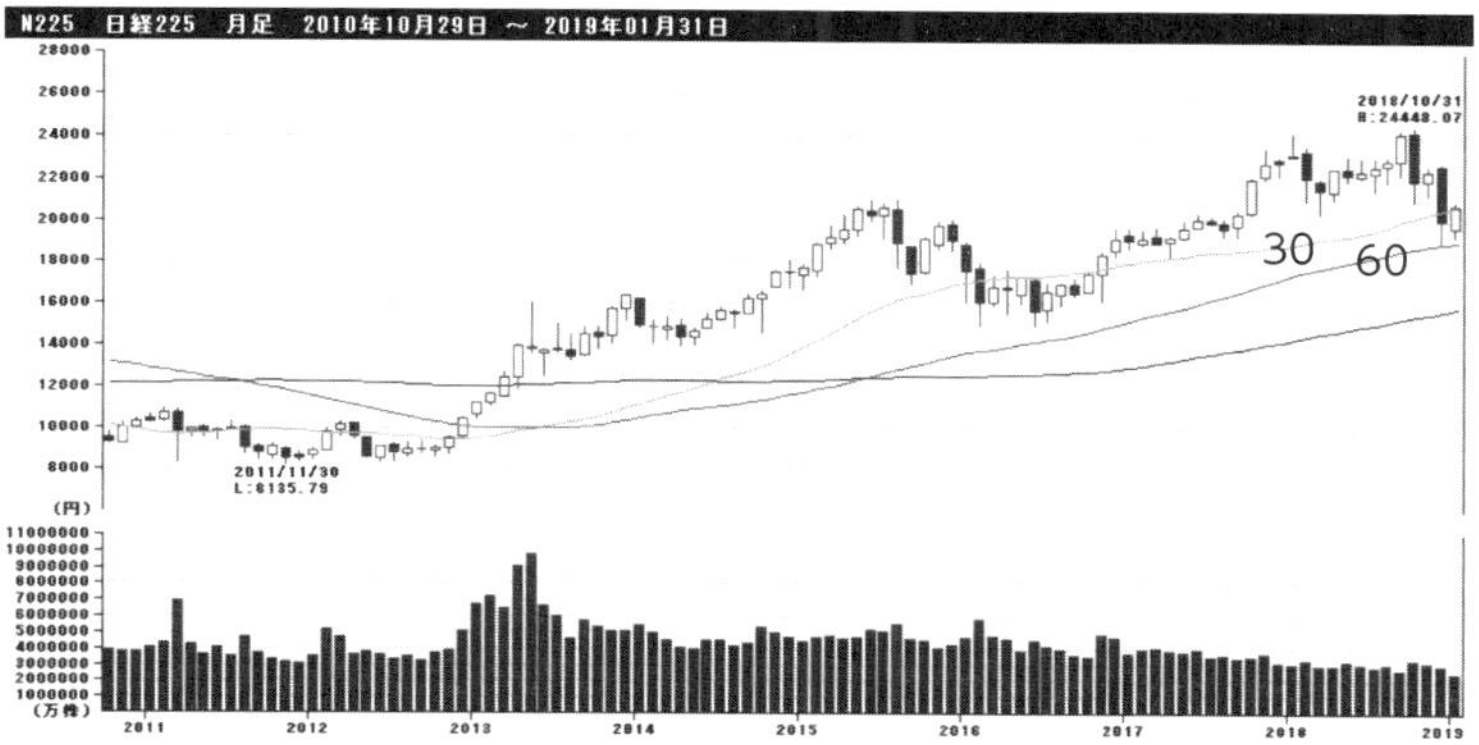

株価は30カ月（1%）、60カ月（1%）
移動平均線の上で2%リスクオン継続中
かろうじて株価は30カ月移動平均線の上方推移をしておりましたので1%のリスクオン継続です。

大化け加速逆サイン

TOPIXは1年半来（終値）安値、下落優勢の週ローソク足
平均以上の週出来高の3点揃う＝サイン点灯で2%オフ

日経平均株価は大化け加速逆サインは点灯せず

S&P500

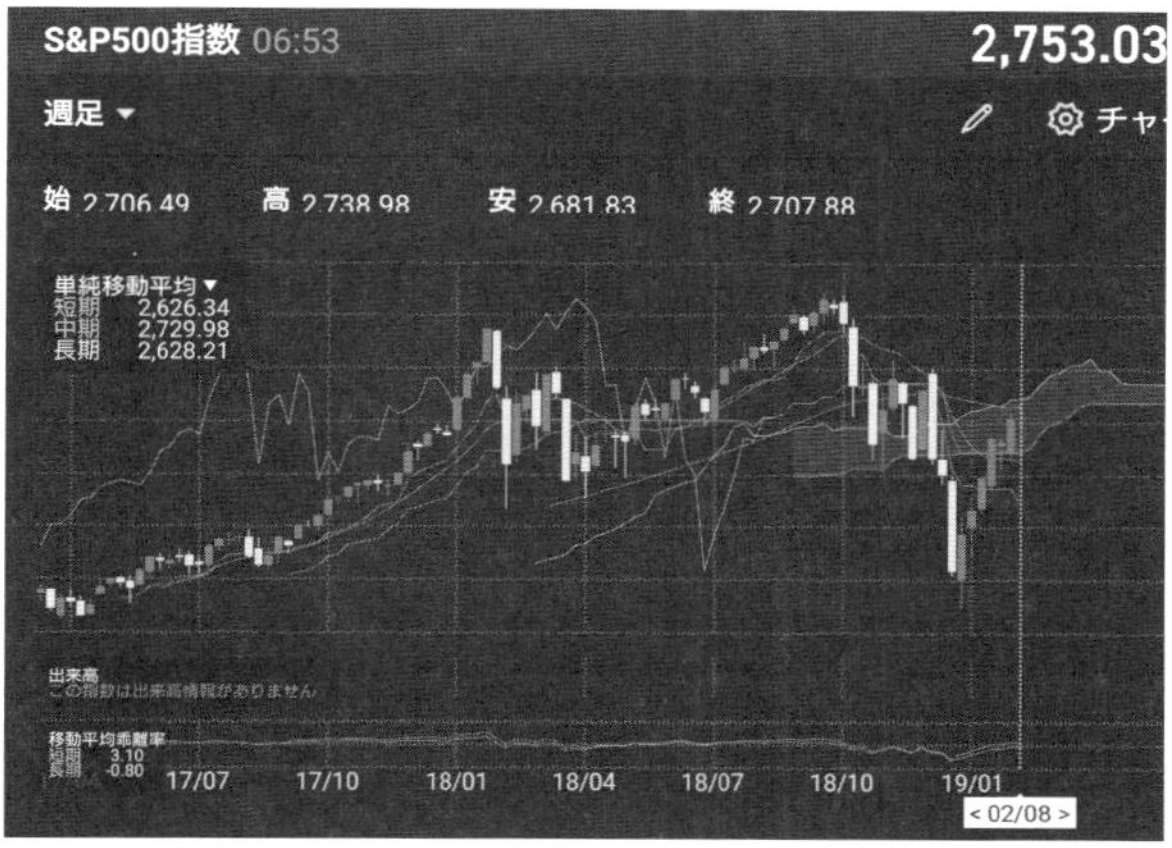

株価は雲の下で2%オフサイン点灯後に反発するもまだ雲の中。ただし、雲を抜けば2%のリスクオンとなり点灯間近

上海総合指数

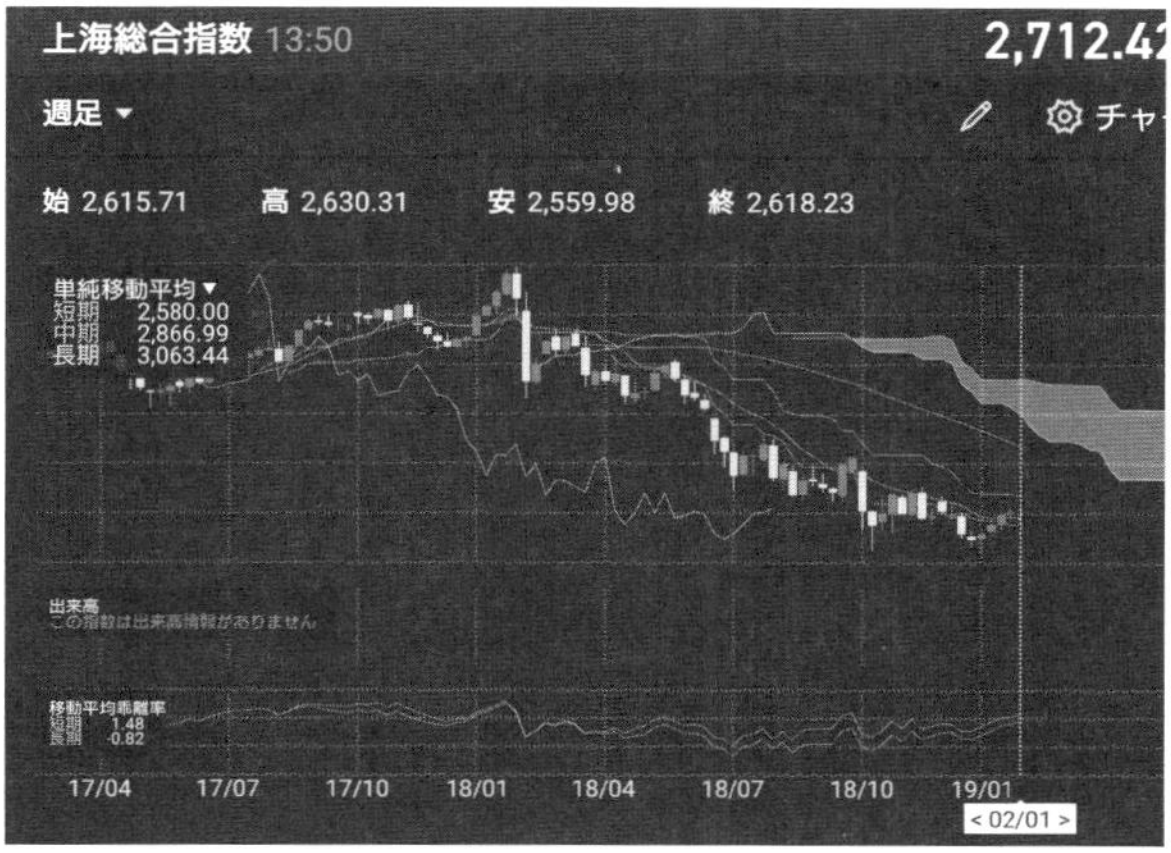

株価は雲の下で3%オフサイン。リスクオンの雲上抜けはまだまだ遠い　※チャート：楽天証券スピードマーケットモバイル版より

SOX指数

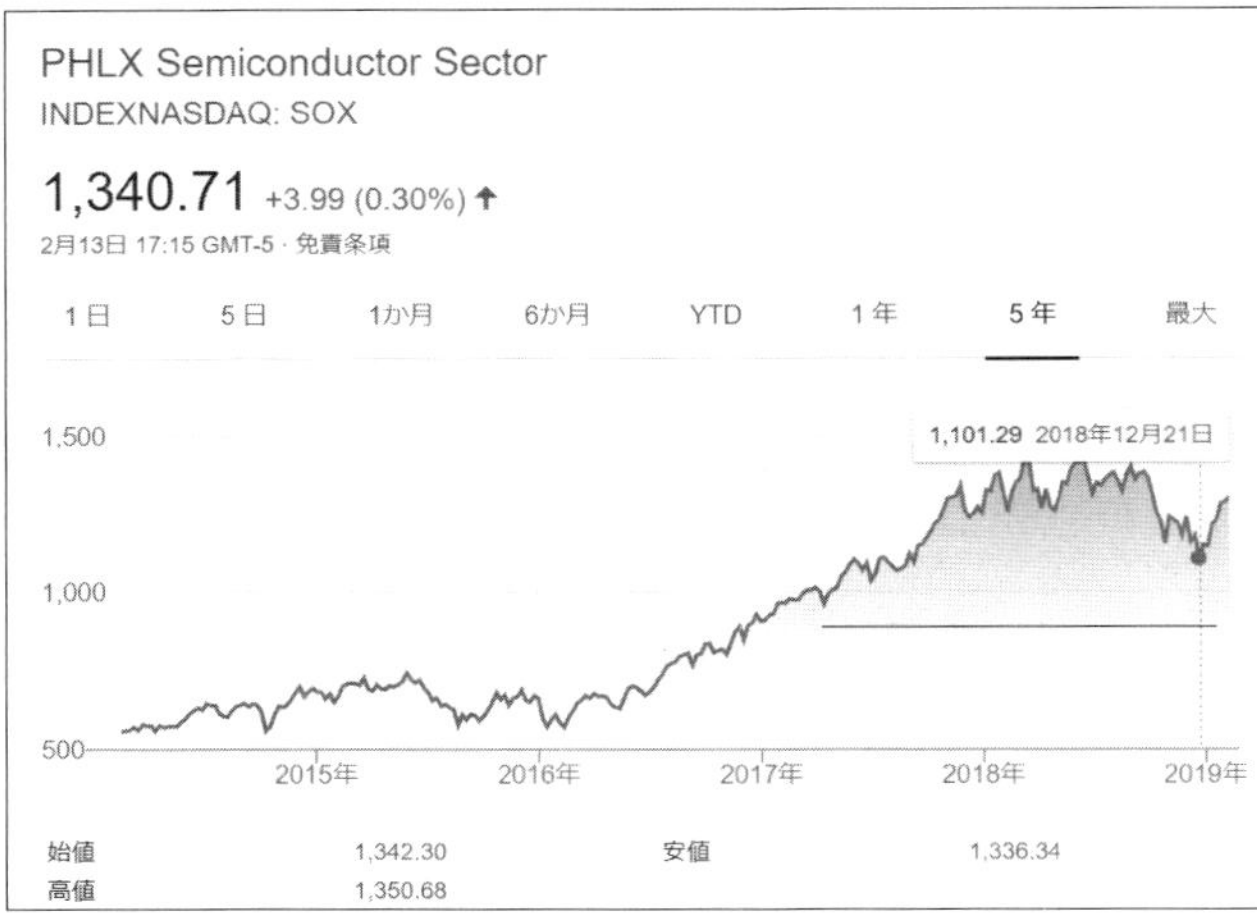

1年半安値を割らず、リスクオン（4%）維持

VIX指数

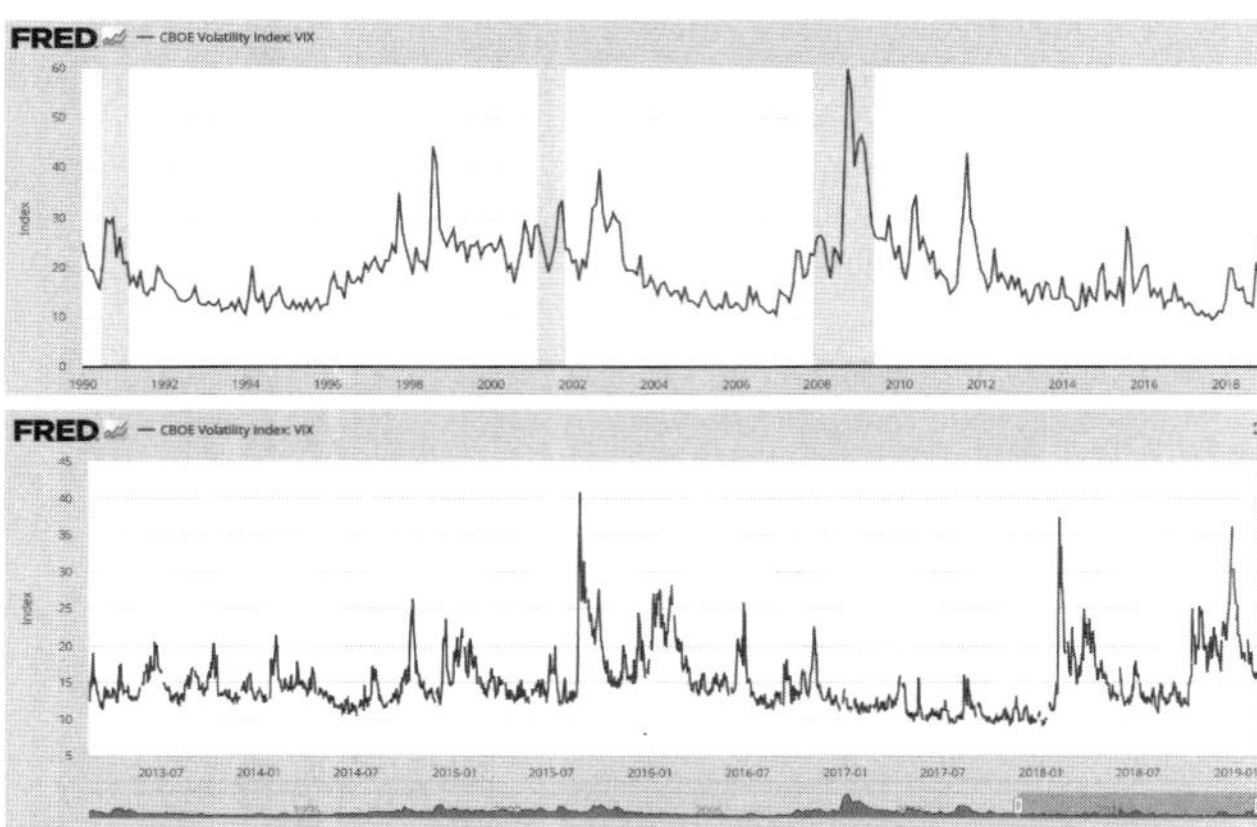

直近では2018年2月に①買いサイン、5月に❶売りサイン、12月に30オーバーで①買いサインで1%リスクオン

ＴＯＰＩＸに大化け加速逆サインが点灯、２０１９年末は株価安？

前項で売りサインの点灯したＴＯＰＩＸの大化け加速逆サインを補足させて頂きます。

「大化け加速サイン（上昇力の強いローソク週足・平均以上の出来高・1年半来終値高値）」は、数多くの急騰株・10倍株を生んできたチャートのサインとしてすでにご存じかもしれません。

「大化け加速逆サイン（下落力の強いローソク週足・平均以上の出来高・1年半来終値安値）」とは、その真逆でこれから中長期的に下げ優勢の相場になりそうな可能性が高い時に点灯します。

過去の相場を振り返りますと、２００７年8月中旬に大化け加速逆サインがＴＯＰＩＸに点灯し、その後の２００８年1月に日経平均株価にも同じサインが遅れて点灯しました。２０１８年12月も日経平均には点灯せず、それも当時と同じです。

さらに、みずほ証券のリポートによると、ＴＯＰＩＸのアノマリーによれば、ＴＯＰＩＸが12月に年初来安値をつけると、翌年は年間で下落することが多いそうです。

そこで、１９９０年から２０１７年までの28年間で値動きを検証したところ、ＴＯＰＩＸが

12月に年初来安値を更新したのは6回あり、そのうち5回で翌年のＴＯＰＩＸの年間騰落率がマイナスになりました。

これは、本来12月は株価が上がりやすい月（直近30年間の騰落率＝約6割の確率でプラス）で、それでも安値をつけるのは株価の勢いが弱く、投資家心理の悪化を意味していると思われます。

逆イールドのサインに従えば、２０１９年末の株高の可能性が高く、ＴＯＰＩＸのアノマリーに従えば、２０１９年末は２０１８年末より株安の水準で終わる可能性が高そうです。

しかし、どちらも１００％ではありませんので、どちらが正しい結果になるかはただの予想です。

そこで、投資にこういった経験則を活かせるように、この章では各ルールに過去の成功率に基づいたポイントを配点しており、実践でのヒントになればと思います。

20経済指標を活用した売買ルール一覧

経済指標（体温計）	配点	スコア	売り（条件・ポジション形成幅）	買い（条件・ポジション形成幅）
米ケースシラー住宅価格指数（主要20都市）	1	1	❶価格トレンド下落	①価格トレンド上昇
米中古住宅販売件数	2	1	❶2年ぶり低水準 ❷5年ぶり低水準	①2年ぶり高水準 ②5年ぶり高水準
米NABH住宅市場指数	2	1	❶60割れ ❷その後3カ月連続悪化	①25割れ後に30越え ②その後の3カ月連続改善
米小売売上高	1	0	❶金融引締め期間の前月比 1.5%	①金融緩和期間の前月比 −1.5%
米ISM製造業景況感指数	2	1	❶2年ぶりの低水準 ❷50割れ	①2年ぶりの高水準または40以下　②50以上
米カンザスシティ連銀金融ストレス指数	4	4	❶0より上 ❷前回のプラス圏節目上抜け	①0以下 ②前回のマイナス圏節目下抜け
米景気先行指数	2	1	❶景気のピーク ❷減速・後退	①景気のボトム ②回復
米CAPEレシオ（シラーPER）	2	0	❶25越え　❷30越え	①15以下　②10以下
米失業率	2	1	❶4以下 ❷2年ぶりの高水準（悪化）	①7以上 ②2年ぶりの低水準（改善）
OECD景気先行指数（主要国総合・中国・インド・ブラジル・カナダ・オーストラリアの6種類）	6	2	❶101越え	①98.5割れ
銅先物価格	2	0	❶週足一目均衡表雲の下	①週足一目均衡表雲の上
日銀短観大企業製造業指数	2	1	❶20以上 ❷2年ぶりの低水準	①−20以下 ②2年ぶりの高水準
景気動向指数	3	0	遅行指数101以上で、先行指数or DI先行指数（2倍）の3カ月平均のどちらかが100割れ	先行指数78未満かつ一致指数82未満
有効求人倍率（年平均）	2	0	❶1.0以上　❷1.4以上	①0.6以下　②0.5以下
中国・製造業PMI	2	0	❶50割れ（中国国家統計局1） ❷2年ぶりの低水準（財新1）	①50以上（中国国家統計局1） ②2年ぶりの高水準（財新1）
東南アジアPMI	1	0	❶50割れ	①50以上
ユーロ・製造業PMI	2	1	❶2年ぶりの低水準 ❷5年ぶりの低水準	①2年ぶりの高水準 ②5年ぶりの高水準
ユーロ圏 Sentix投資家信頼感指数	2	0	❶30以上 ❷0割れ	①−30以下 ②プラス圏回復
ドイツ・Ifo景況感指数	2	0	❶105以上 ❷2年ぶりの低水準	①85以下 ②2年ぶりの高水準
スイスKOF先行指数	2	0	❶110以上 ❷2年ぶりの低水準	①85以下 ②2年ぶりの高水準

※データは2019年2月5日現在

9種の米国経済指標

✤ケース・シラー住宅価格指数（以下に図表があります）

「20大都市圏住宅価格指数」は、米国主要都市での住宅価格の変動を表す月次指標として重宝されています。現在、上昇トレンド継続中でマイナスポイントはありません。

（参照：https://fred.stlouisfed.org/series/SPCS20RSA）

✤中古住宅販売件数

全米不動産業者協会（ＮＡＲ）発表の全米並びに４つの地域別集合住宅を含んだ中古住宅のうち、所有権移転が完了した販売件数（季節調整済・年率換算）。米国では、中古住宅販売の規模が新築より大きく厚みがあるため、消費者の景気見通しが反映された景気先行指数として注目されます。２０１９年1月は2年ぶりの低水準となり、１％のリスクオフ・サインとなりました。

（参照：https://jp.investing.com/economic-calendar/existing-home-sales-99）

✤ＮＡＨＢ住宅市場指数

全米住宅建設業者協会（ＮＡＨＢ）が発表する住宅建設業者の景況感を示す経済指標。この指数の上昇は、今後の景気拡大や住宅価格の上昇を見込んでいる人が多いことを示し、逆も然りで前述の2指標よりも早くサインが点灯しやすく、２０１８年12月に60割れの売りサイン（❶）が点灯。❶サイン後に3カ月連続の悪化が発生すれば、さらに1％のキャッシュポジションを増やして念のための備えをしていくことになります。

（参照：https://jp.investing.com/economic-calendar/nahb-housing-market-index-218）

これらの米住宅関連指標は、持ち家の価格による「資産効果」が米ＧＤＰの多くを占める個人消費を左右するため非常に重要です。また、車産業のシェア・サービス化に伴って新車販売台数の重要性が私の中では時間の経過とともに薄れておりますが、住宅は車同様に最もすそ野の広い幅広い産業の温度感を測れるとともに、単価が高く購買頻度も低いため消費者のマインドや懐事情が露骨に出ますのでチェックを怠れません。

参照先は発表元でなく推移が無料でわかるサイトのＵＲＬをなるだけ掲載しました。なお、数字や判定は他指標含め２０１９年1月中旬～2月初旬頃のものとなります。

経済指標（体温計）	配点	スコア	売り（条件・ポジション形成幅）	買い（条件・ポジション形成幅）
米ケースシラー住宅価格指数（主要20都市）	1	1	価格トレンド下落	価格トレンド上昇

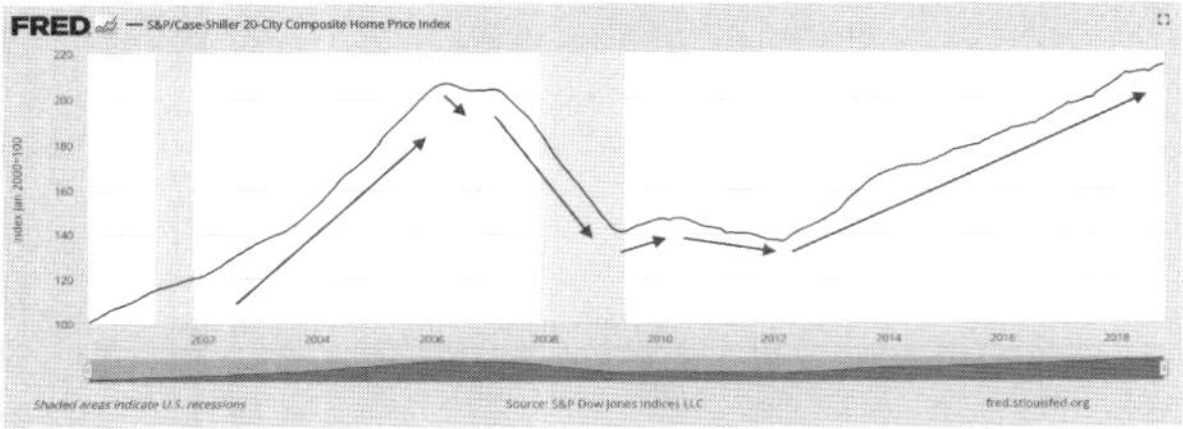

経済指標（体温計）	配点	スコア	売り（条件・ポジション形成幅）	買い（条件・ポジション形成幅）
米中古住宅販売件数	2	1	❶2年ぶり低水準 ❷5年ぶり低水準	①2年ぶり高水準 ②5年ぶり高水準

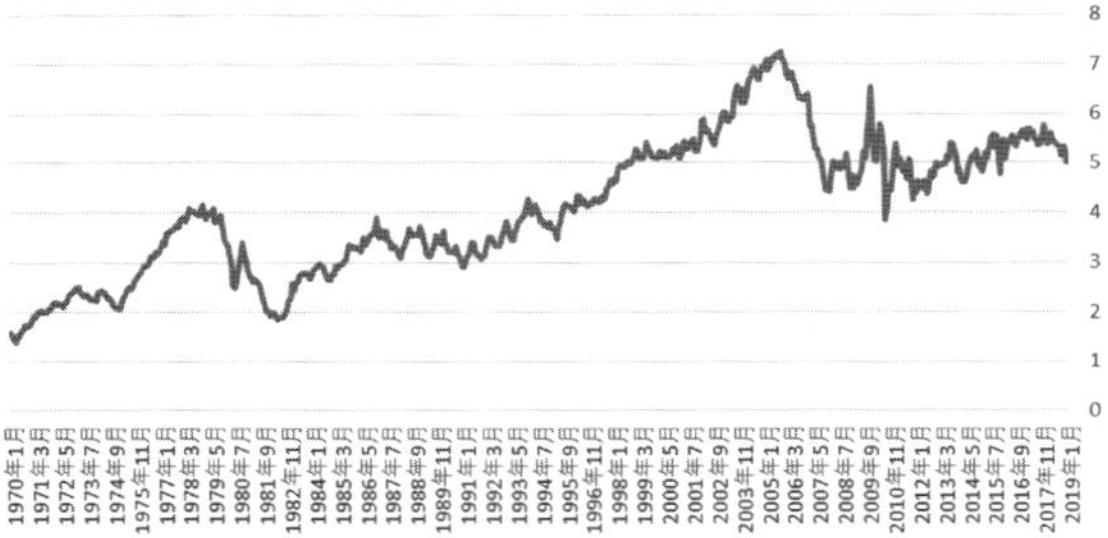

経済指標（体温計）	配点	スコア	売り（条件・ポジション形成幅）	買い（条件・ポジション形成幅）
米NABH住宅市場指数	2	1	❶60割れ ❷その後３カ月連続悪化	①25割れ後に30越え ②その後の３カ月連続改善

✤小売売上高

米国商務省経済分析局（ＢＥＡ）が毎月発表し、前月比増加＝個人消費堅調、減少＝個人消費不調と米ＧＤＰの7割を占める個人消費の動向が把握できます。２０１７年10月に逆張り❶サインが点灯（好景気初期で売らないよう米利上げ時期のみのサイン）。

（参照：https://jp.investing.com/economic-calendar/retail-sales-256）

✤ＩＳＭ製造業景況指数

米供給管理協会（ＩＳＭ）が製造業約３５０社の仕入れ担当役員にアンケート調査を実施し毎月発表。この景気先行指標の50超え＝好況、50割れ＝不況を示唆。２０１９年１月は2年ぶりの低水準でリスクオフ❶サインも、翌月の新規受注は強く反転期待も。

（参照：https://jp.investing.com/economic-calendar/ism-manufacturing-pmi-173）

✤カンザスシティ連銀金融ストレス指数（以下図表で②❷サインだけ例示）

金融活動の過熱および停滞を捉える月次指標で、金利指標や株価、マーケットボラティリティなどを含んでおり、２０１８年12月はマイナス０・０１と❶サインに薄氷状態。

（参照：https://fred.stlouisfed.org/series/KCFSI）

経済指標（体温計）	配点	スコア	売り（条件・ポジション形成幅）	買い（条件・ポジション形成幅）
米小売売上高	1	0	❶金融引締め期間の前月比1.5%	①金融緩和期間の前月比−1.5%

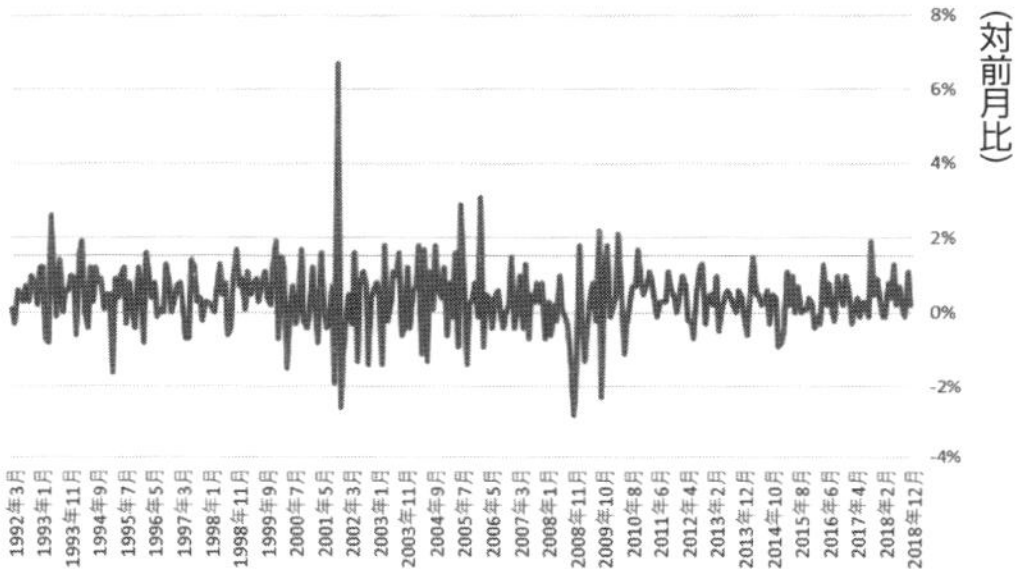

経済指標（体温計）	配点	スコア	売り（条件・ポジション形成幅）	買い（条件・ポジション形成幅）
米ISM製造業景況指数	2	1	❶2年ぶりの低水準 ❷50割れ	①2年ぶりの高水準または40以下　②50以上

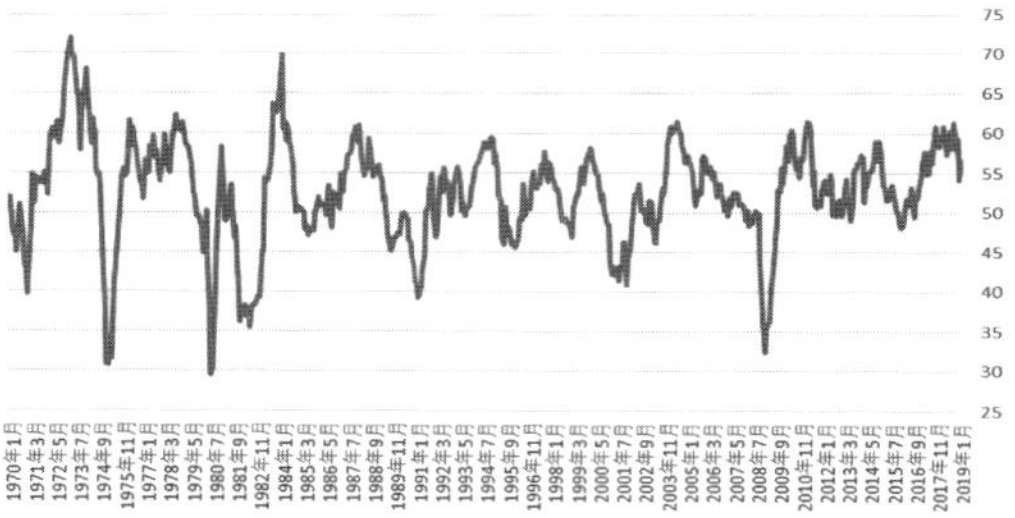

経済指標（体温計）	配点	スコア	売り（条件・ポジション形成幅）	買い（条件・ポジション形成幅）
米カンザスシティ連銀金融ストレス指数	4	4	❶0より上　❷前回のプラス圏節目上抜け	①0以下　②前回のマイナス圏節目下抜け

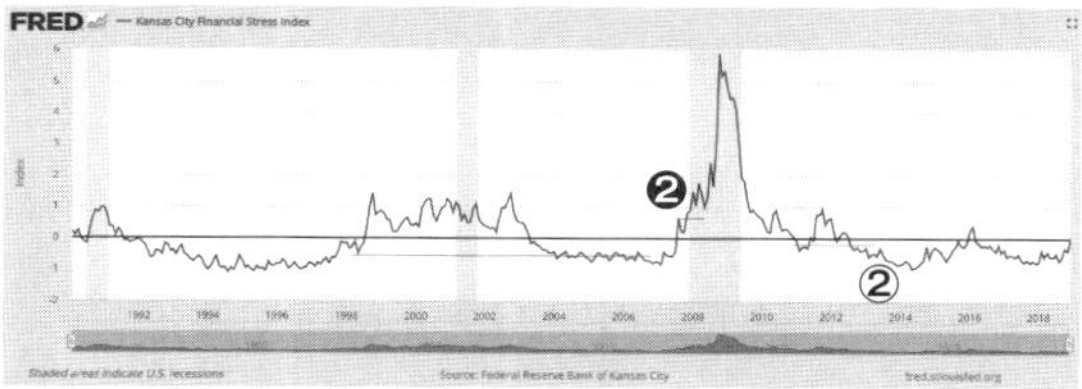

✤**景気先行指数**（以下図表なし）

米民間調査機関コンファレンス・ボードが毎月発表。労働、企業業績、株価指数、マネーサプライなど景気に先行して動くと考えられる10項目の指標から算出。数値の上昇は景気向上、下落は景気減速と判断。なお、ルールの景気レベルの判断は、コンファレンス・ボードの景気判断をそのまま反映させ、「経済成長はピークをつけたかもしれない（Economic growth may be peaking）」とのコメントから、１％リスクオフ判断に。

（参照：https://www.conference-board.org/data/bcicountry.cfm?cid=1）

✤**CAPEレシオ**（シラーPER）

すでに①PER25倍、②30倍を超えたので、マイナス２％（詳細は第１章にて）

（参照：http://www.econ.yale.edu/~shiller/data.htm）

✤**失業率**

①２年ぶりの水準に悪化はしてないものの、②４％以下に改善した逆張りポイントで１％リスクオフに算入。（詳細は第１章、売買判断は指標一覧を参照）

（参照：https://fred.stlouisfed.org/series/UNRAT）

7種の世界・日本・アジア経済指標

✤OECD（経済協力開発機構）景気先行指数

世界景気の転換点を探る指標。100以上＝景気拡大局面、下回る＝下降局面。内訳は主要国総合指数で1ポイント（98・5割れの後にまだ101に到達していない）、インドが101越えで1ポイント。他は中国・カナダ・豪州が下降局面、ブラジルが過熱で0ポイント。この指標で欧米以外の景況感を網羅。

（参照：https://www.oecd-ilibrary.org/　検索Composite leading indicator でも可）

✤銅先物価格

安価で伝導性に優れ多産業で利用される景気の鏡。雲の下方位置でリスクオフ継続で0ポイント（参照先はWEB多数。1年半来安値・1年半来高値というルール設定でも可）。

✤日銀短観大企業製造業指数

景気動向を把握するために3カ月に1度日銀が実施する調査の中でも中心的指標。2017年10月に22で1％逆張りのリスクオフ。数値は日銀WEBや各種WEBで確認を。

経済指標（体温計）	配点	スコア	売り （条件・ポジション形成幅）	買い （条件・ポジション形成幅）
OECD景気先行指数（主要国総合・中国・インド・ブラジル・カナダ・オーストラリアの6種類）	6	2	101越え	98.5割れ

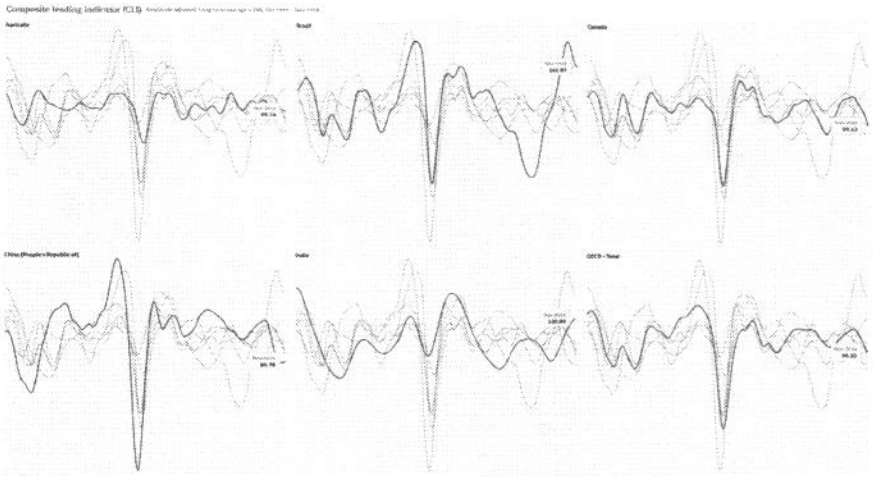

経済指標（体温計）	配点	スコア	売り（条件・ポジション形成幅）	買い（条件・ポジション形成幅）
銅先物価格	2	0	❶週足一目均衡表雲の下	①週足一目均衡表雲の上

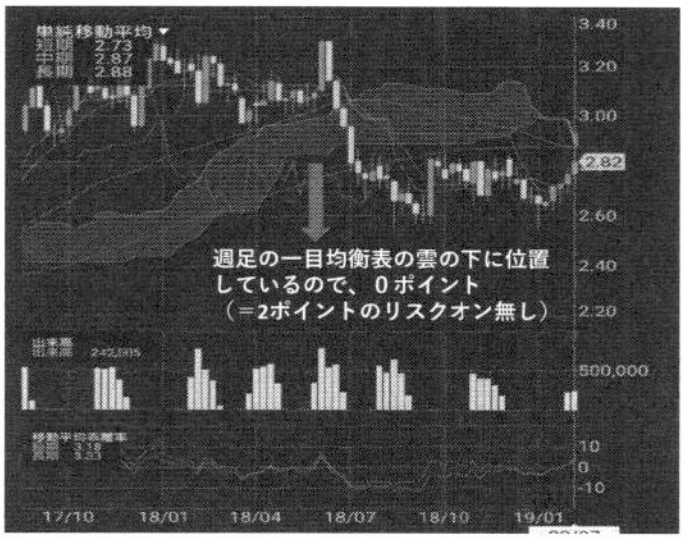

経済指標（体温計）	配点	スコア	売り（条件・ポジション形成幅）	買い（条件・ポジション形成幅）
日銀短観大企業製造業指数	2	1	❶20以上 ❷2年ぶりの低水準	①−20以下 ②2年ぶりの高水準

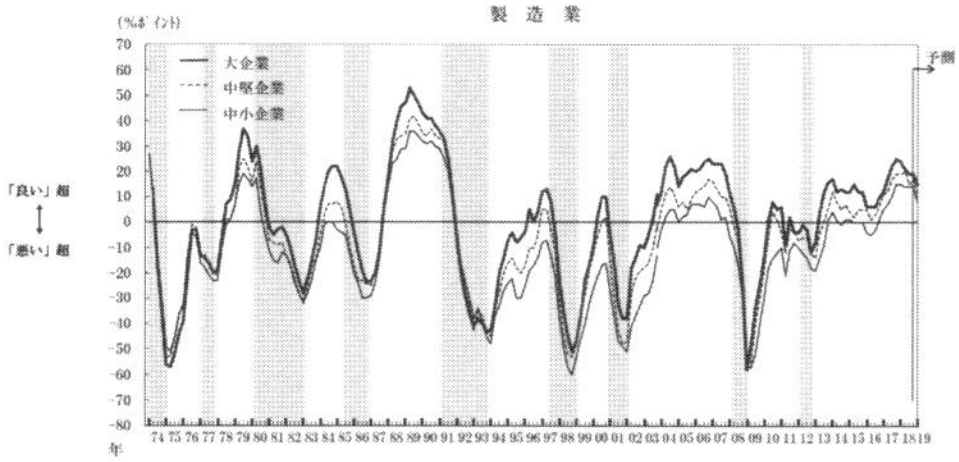

✤景気動向指数（遅行指数過熱をCIおよびDI先行指数で判定する）

内閣府が景気に重要かつ敏感な複数の指標動向をもとに算出した月次の統合的な景気指数。CI（量）遅行指数が101以上で好調になったのちに、2018年2月分のDI（方向性）を2倍した3カ月平均が75・7と100を割れリスクオフ・ポジションへ。

✤有効求人倍率

厚労省発表で、現在1・4以上でリスクオフ（詳細は第1章、指標一覧を参照）

✤中国製造業PMI

製造業の好不況を表す指標で国と民間の2種類の統計をWEBで利用。国の統計で50割れをチェックし、民間の財新側では2年ぶりの低水準を観る（両方リスクオフ点灯）

（参照：https://jp.investing.com/economic-calendar/chinese-manufacturing-pmi-594）

✤東南アジアPMI（以下図表なし）

日経算出（16年8月度分〜）ASEAN（インドネシア、ベトナム、シンガポール、マレーシア、フィリピン、タイ、ミャンマー）製造業PMI。19年1月分は50割れで1％オフ。

経済指標（体温計）	配点	スコア	売り（条件・ポジション形成幅）	買い（条件・ポジション形成幅）
景気動向指数	3	0	遅行指数101以上で、先行指数orDI先行指数（2倍）の3カ月平均のどちらかが100割れ	先行指数78未満かつ一致指数82未満

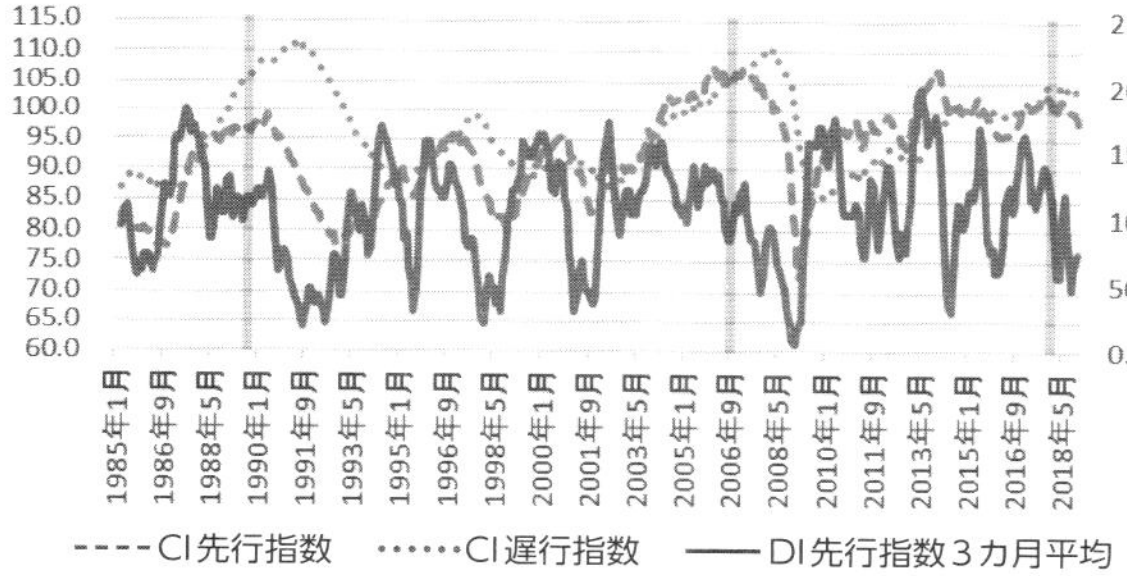

経済指標（体温計）	配点	スコア	売り（条件・ポジション形成幅）	買い（条件・ポジション形成幅）
中国・製造業PMI	2	0	❶50割れ（中国国家統計局1） ❷2年ぶりの低水準（財新2）	①50以上（中国国家統計局1） ②2年ぶりの高水準（財新2）

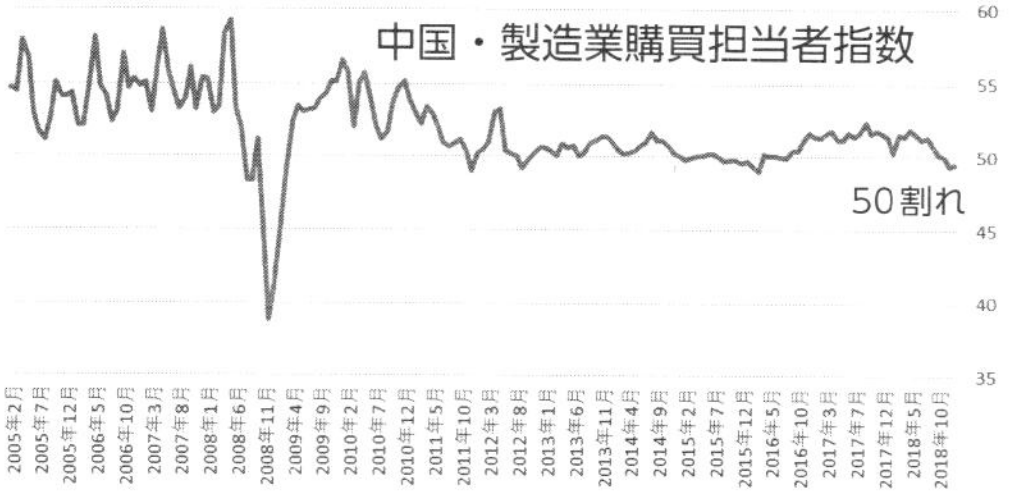

4種の欧州経済指標

✤ユーロ圏製造業PMI（現在、2年ぶり低水準で1％オフ）

民間調査会社・Ｍａｒｋｉｔが集計する景気指数。50が分岐点

（参照：https://jp.investing.com/economic-calendar/manufacturing-pmi-201）

以下、すべて参照ページはInvesting.com

✤ユーロ圏Ｓｅｎｔｉｘ投資家信頼感指数（30以上で1％、その後0割れで1％オフ）

独調査会社Ｓｅｎｔｉｘが算出する投資家景況感指標。上昇は楽観、下落は悲観示唆。

✤ドイツＩｆｏ景況感指数（105以上で1％、その後の2年ぶり低水準で1％オフ）

Ｉｆｏ経済研究所の独の先行き半年の景況感6カ月に対する7000社調査結果。

✤スイスＫＯＦ先行指数（110以上で1％、その後の2年ぶり低水準で1％オフ）

チューリッヒ工科大学のＫＯＦスイス経済研究所による景況感指標。リスクオフで買われるスイスフランの指標性の高さから経済指標も参考指数の一つに入れている。

経済指標（体温計）	配点	スコア	売り（条件・ポジション形成幅）	買い（条件・ポジション形成幅）
ユーロ・製造業PMI	2	1	❶2年ぶりの低水準 ❷5年ぶりの低水準	①2年ぶりの高水準 ②5年ぶりの高水準

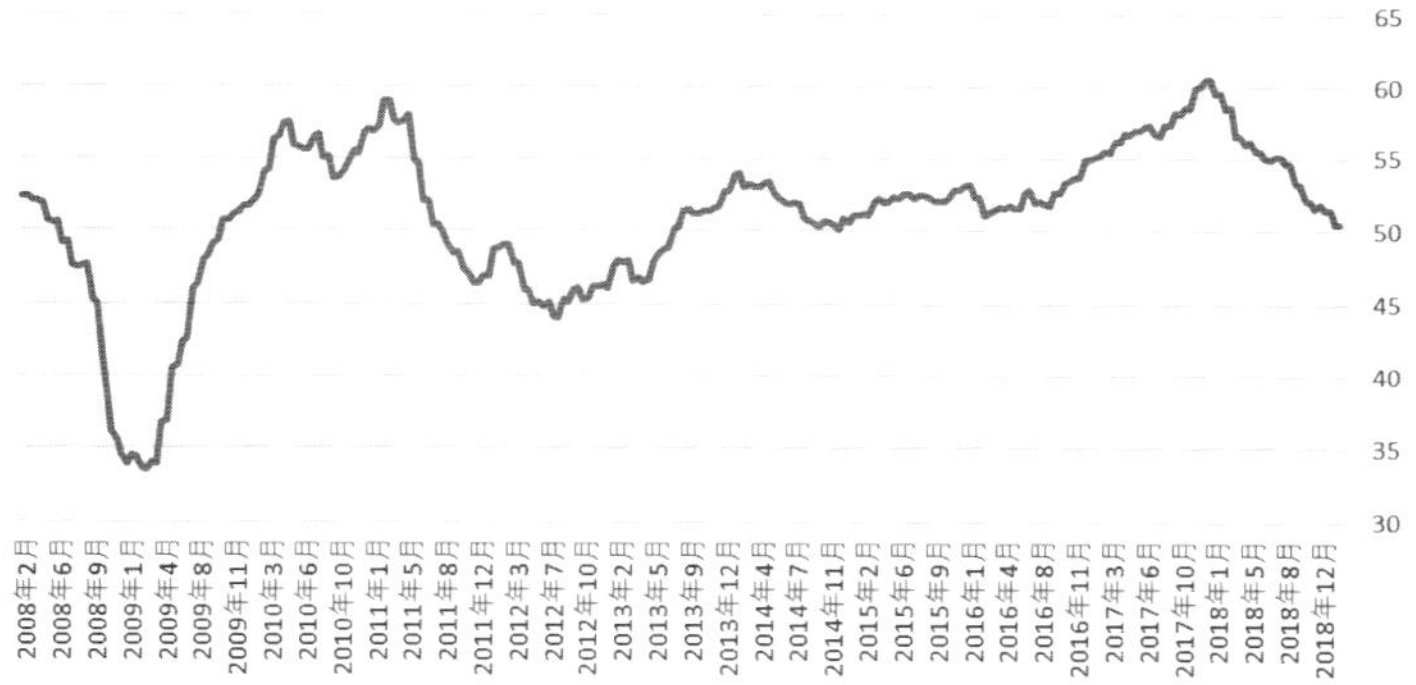

経済指標（体温計）	配点	スコア	売り（条件・ポジション形成幅）	買い（条件・ポジション形成幅）
ユーロ圏 Sentix投資家信頼感指数	2	0	❶30以上 ❷0割れ	①－30以下 ②プラス圏回復

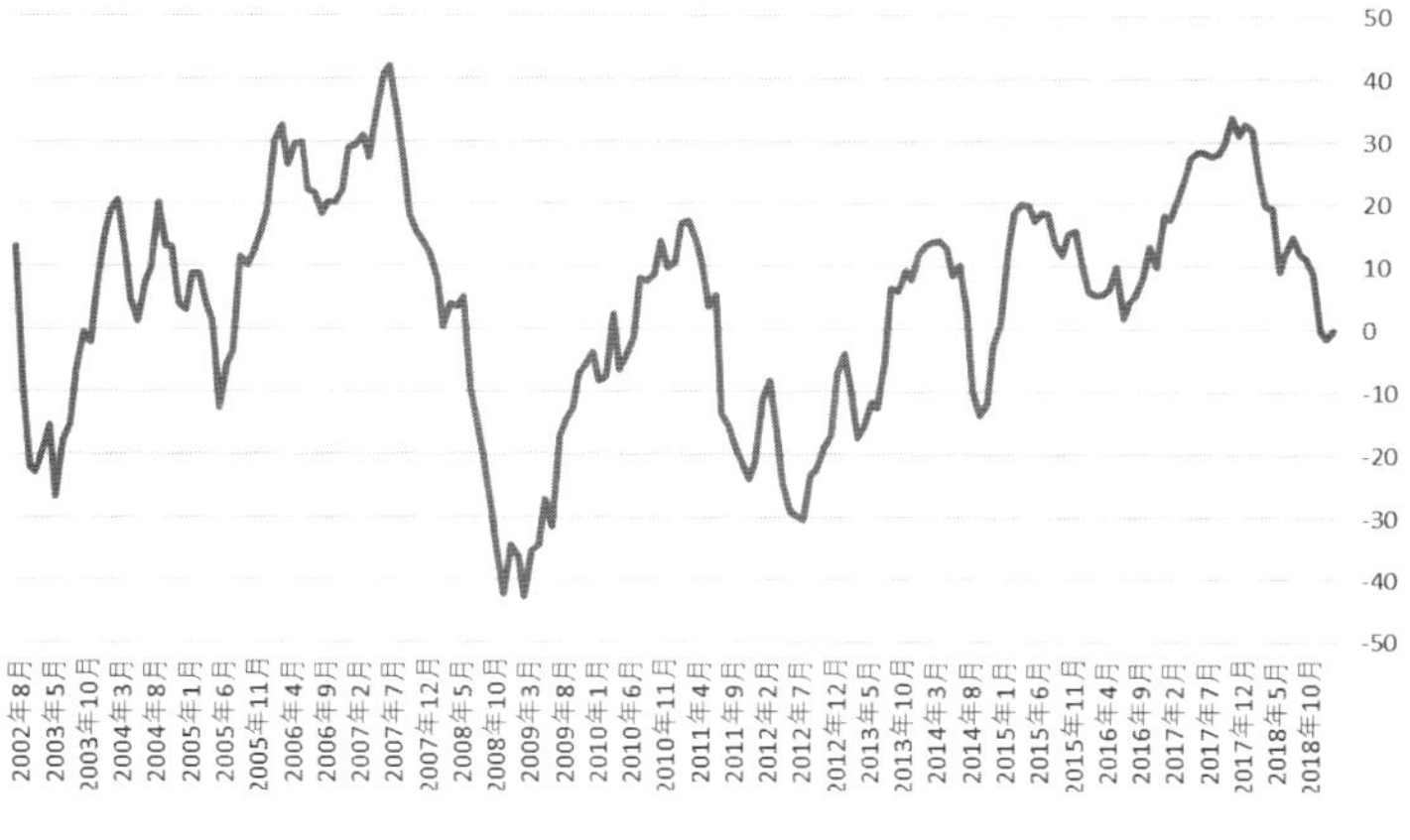

経済指標（体温計）	配点	スコア	売り（条件・ポジション形成幅）	買い（条件・ポジション形成幅）
ドイツ・Ifo景況感指数	2	0	❶105以上 ❷2年ぶりの低水準	①85以下 ②2年ぶりの高水準

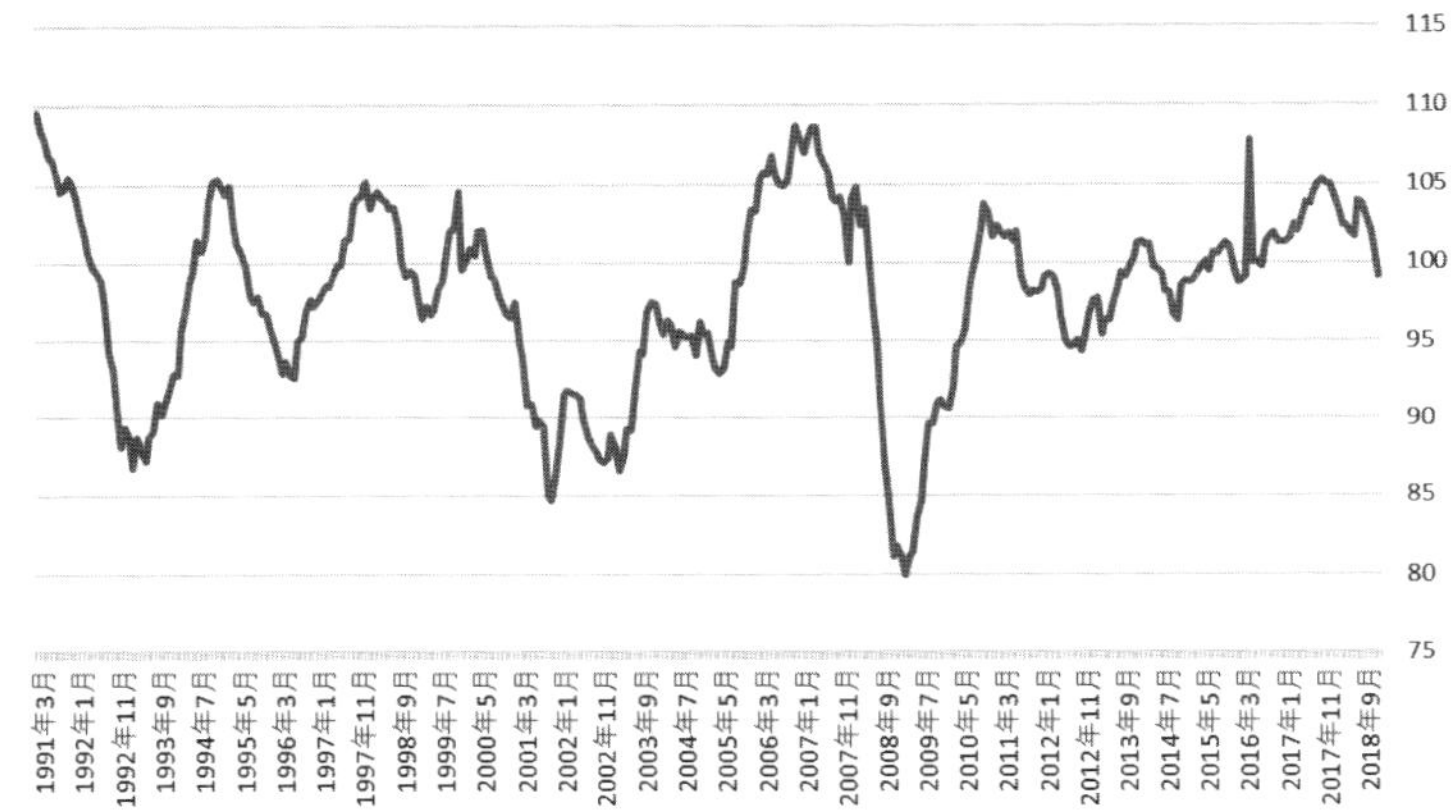

経済指標（体温計）	配点	スコア	売り（条件・ポジション形成幅）	買い（条件・ポジション形成幅）
スイスKOF先行指数	2	0	❶110以上 ❷2年ぶりの低水準	①85以下 ②2年ぶりの高水準

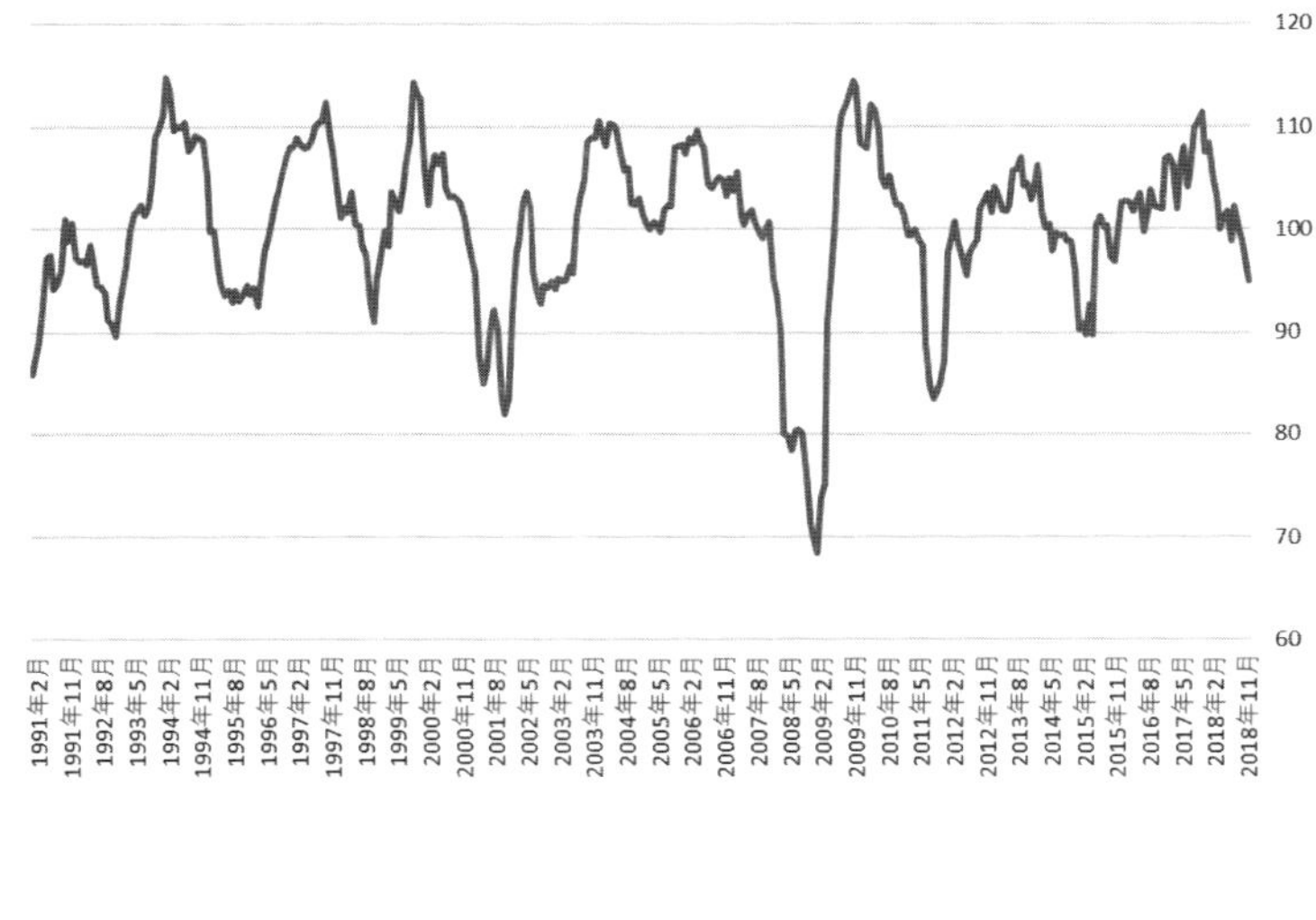

【おまけ】2～3月買い、4～8月売りの「日経平均株価アノマリー」

直近10年の1月末～3月の急落買い、4月～8月の売りは負ける確率が低いというアノマリー（売りルール以下）。3月出版の一つの理由でもあり、短期投資の参考まで。

4月最初の日経平均株価（図表□で囲ったローソク足）が日足（65・130・200日）のいずれかの移動平均線よりも

株価が上に位置
↓各種移動平均線の相対的乖離で売る

株価が下に位置
↓株価が短中期的には弱いと考え、各種移動平均線の接触で売る

過去10年間の日経平均日足チャート（網掛けは1月末から3月末）

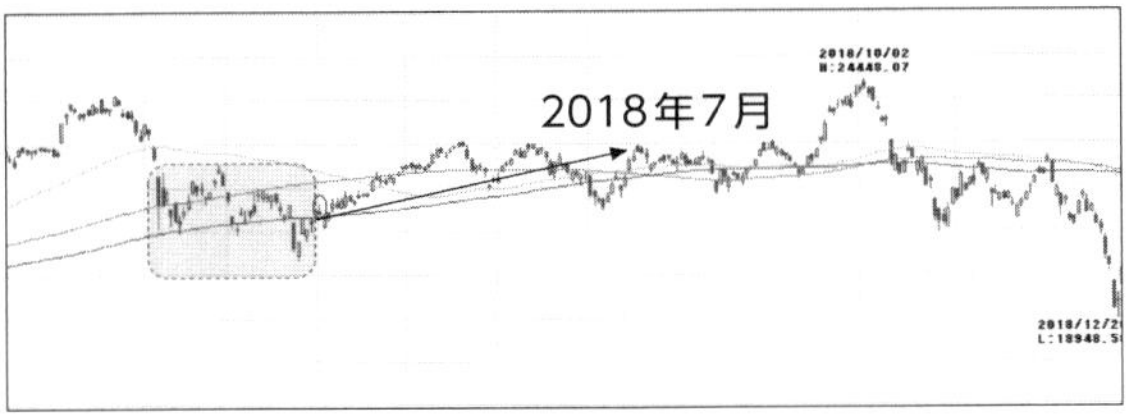

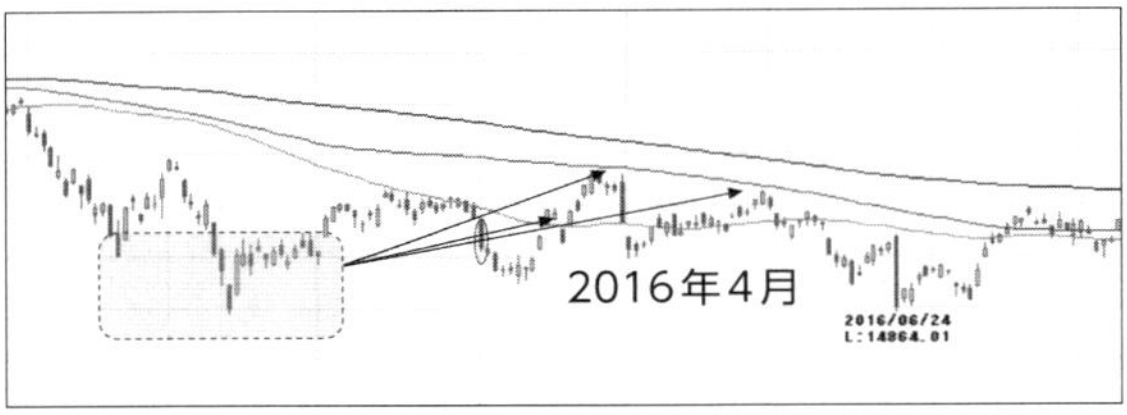

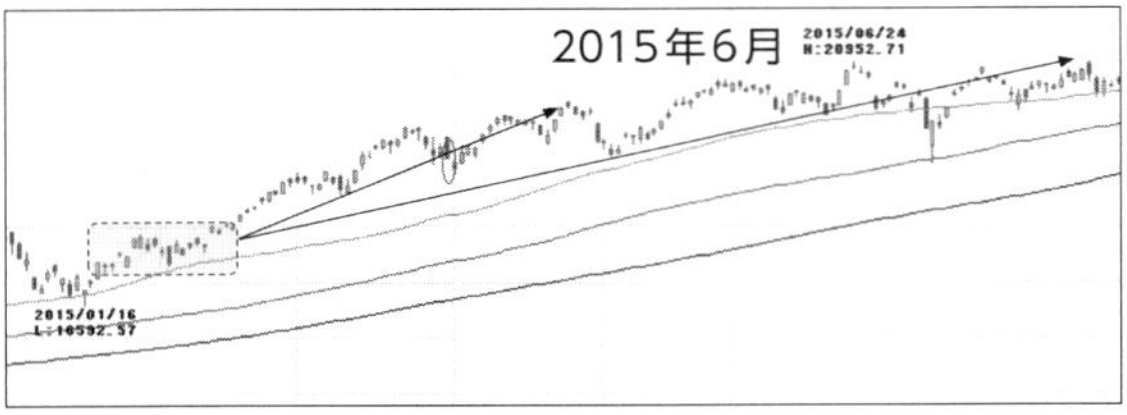

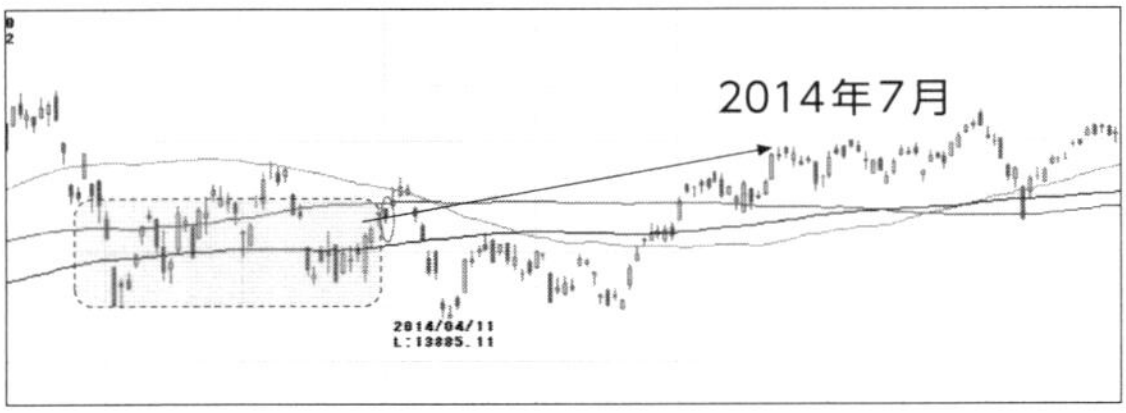

2013/05/23
H:15942.60
2013年5月

2012/03/27
H:10255.15
2012年4月
2012/06/04
L:8238.96

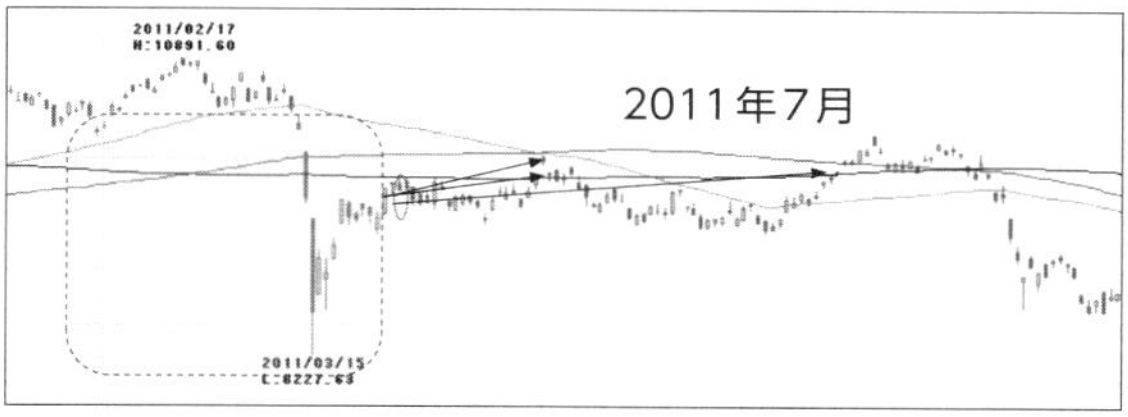
2011/02/17
H:10891.60
2011年7月
2011/03/15
L:8227.63

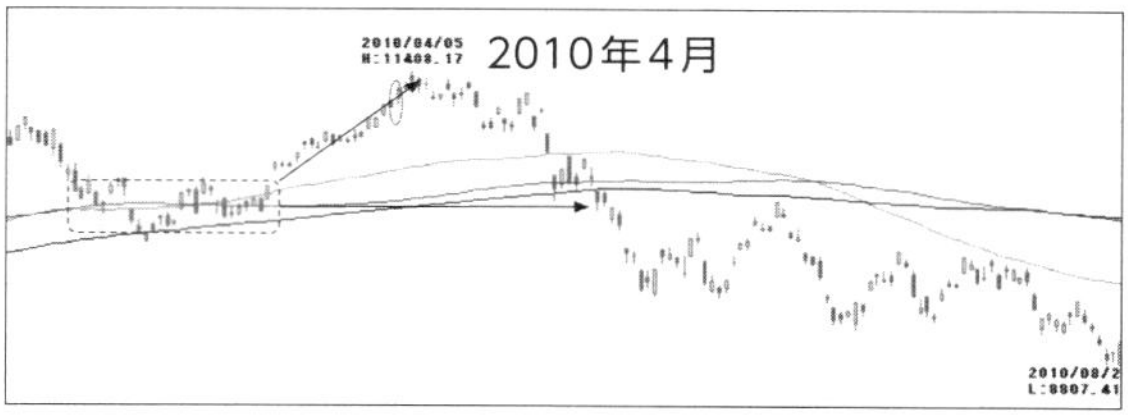
2010/04/05
H:11408.17
2010年4月
L:8807.41

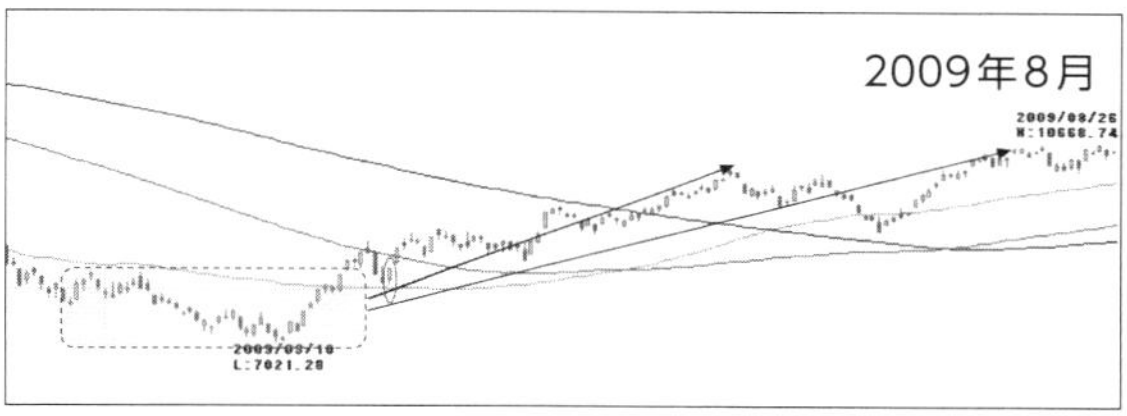
2009年8月
2009/08/26
H:10668.74
2009/03/10
L:7021.28

経済33指標から、現在の長期投資ポジションはキャッシュ50%が望ましい

この章でチェックした結果（19年2月5日現在）をまとめると、以下のようになります。

・金融政策・米金利から導くリスクオフ・ポジションは9％（36％中）
・株価から導くリスクオフ・ポジションは11％（20％中）
・各種経済指標から導くリスクオフ・ポジションは30％（44％中）

この結果、主要経済33指標を読み解けば、**景気後退確率＝長期的なリスクオフのキャッシュポジションは50％が望ましい**と判断して、今後の景気と株価の行方には警戒を怠らないようにしたいと考えております。

一方で、景気の先行きを操る金融政策・金利や経済指標に先行する株価のリスクオフ割合が各種経済指標までは高くはないので、今後の金利と株価の動向を見極めながら、19年株高局面への一定の期待は維持したいと思います。

［第3章］

さらば10倍株、短期で狙う2倍株

景気減速感が増し、後退懸念もチラつく「2019年大化け株の狙い方」

第1章では相場が半世紀ぶりの天井圏に位置していること、第2章では景気の先行指数の落ち込みや遅行指数の過熱具合から好景気の継続危機に陥っていることを示してきました。

この第3章では、そのような世界の景況感（大局・森）を受けて、2019年春以降の日本市場（プチ大局・森の一部）における大化け株（小局・木）の狙い方を指南させて頂きたいと思います。

また、大化け株の狙い方の想定として、前章までのFRBの利上げ局面や経済指標の体温測定の分析から、2007年あたりの日本株相場を参考にして戦術を構築しました（ちなみに、私は2倍以上に株価が大きく上昇する株のことを大化け株と呼んでいます）。

さらには、次項で初公開するデータからも、2019年の大化け株投資に関しては「10倍株を狙わずに2倍株で満足し、短期（1カ月~1年以内）で勝負する」ことの有用性を改めて示したうえで、2007年でも137銘柄、2008年でも145銘柄の2倍株が出現したことを背景に、長期的な下り坂懸念の中にあることを念頭に入れながら、短期2倍株の狙い方をシェアします。

【初公開】大化け株マーケット法則も「さらば10倍株、短期で狙う2倍株」の確率優位を示唆

大化け株は、市況が悪化してくれば徐々に出現しなくなり、市況が改善に向かえばどんどん出現してきます。逆説的には、**上位50社値上がり率の低下は市況の下落トレンドを、値上がり率の増加は市況の上昇トレンドを示唆します**。これは株式市場に参加されている方なら、ほぼすべての方がなんとなく「感」じている現象かと思います。

もっとも、感じることは大事なのですが、それだけを根拠として投資行動に移すのは「勘」でお金を動かすギャンブルのようなもので、しっかり「観」察して合理性を探さなければなりません。そこで、私は大化け株の上昇率を基に大化け株マーケット法則を導いています。

☆大化け株マーケット法則☆

「年間株価上昇率の上位50社における平均値上がり率が200％を切り、値上がり率の前年比もマイナスで、上位50社に占める4倍以上に急騰した株の割合が8％以下の年が出現した翌年（2001年・2007年）から、景気後退に向けて株価のダウントレンドが始まるかもしれない」という全体市場の温度感を把握する法則です（以下、データ掲載）。

大化け株マーケット法則

西暦	上位50社 値上がり率 平均(年間)	値上がり率 前年比	急騰株 レシオ	4倍株 出現数 (年間)
1999年	621.6	―	70.0	35
2000年	**112.0**	**-82.0**	**0.0**	**0**
2001年	**129.0**	15.2	**4.0**	**2**
2002年	**109.5**	**-15.1**	**2.0**	**1**
2003年	474.9	333.7	94.0	47
2004年	293.1	**-38.3**	34.0	17
2005年	426.0	45.3	72.0	36
2006年	**99.4**	**-76.7**	**2.0**	**1**
2007年	**98.0**	**-1.4**	**2.0**	**1**
2008年	**69.7**	**-28.9**	**2.0**	**1**
2009年	347.5	399.0	40.0	20
2010年	273.7	**-21.3**	26.0	13
2011年	241.1	**-11.9**	12.0	6
2012年	292.6	21.4	32.0	16
2013年	606.7	107.3	144.0	72
2014年	252.5	**-58.4**	16.0	8
2015年	242.9	**-3.8**	16.0	8
2016年	212.0	**-12.7**	20.0	10
2017年	371.1	75.0	56.0	28
2018年	**162.9**	**-56.1**	**8.0**	**4**

大化け株の騰貴は相場の大底圏へ下落していく方向性も示唆しているかもしれない

表を具体的に読み解くと、昨年18年で最も上昇したマザーズに上場しているＡＬＢＥＲＴの上昇率が８４５％（９・４５倍）、50位のシステムインテグレータが74・２％（１・７４倍）で、この上位50社・値上がり率平均を計算したものが１６２・９％（２・６２倍）になります。

この上昇率を前年と比べることで、該当する年の日本株式市場のマーケットの勢いを計測しています。

また、この20年間の上位50社の年間値上がり率平均が271・8％（3・7倍）であることから、年間で4倍以上に上昇した大化け株の数を数え、それを50社で割ったもの（50社中、何社が4倍株になったか）を急騰株レシオとして算出しています。

その上で2018年の年間の値上がり率を見てみますと、上位50社・値上がり率平均は20０％（3倍）にも至らず前年から減速したことで、値上がり率自体の対前年比の伸びはマイナスに転じ、4倍急騰株の出現も1割を切りました。

2018年の株式市場における大化け株のモメンタム（勢い）が急激に弱まっていることがおわかりになるかと思います。

これと似た年が、2000年と2006年であり、これを根拠に2001年の年始と2007年の年始に株のキャッシュポジションを上げていれば、2001年から2003年にかけてと2007年から2009年にかけての**株のどん底へ向かう長期暴落相場に巻き込まれずに済んだ**ことになります（2000年より2006年の方が相場の上昇年月が長く、2018年と類似しており、2007年の相場動向は2019年の相場を考える上で参考になるかもしれないと考えました）。

さらに、2007年も2008年も10倍株は年間でゼロで、**長期的なモメンタムが弱い時期**には「**さらば10倍株**をして、**2倍株でごちそうさま**とする投資姿勢」も重要なのです。というのも、これぱっかりは天気と一緒で個人の力でどうすることもできないからです。

よって、これに従い「**2019年は少なくとも買いで入る際には10倍株を長期で狙うよりも短期で2倍株を狙った方がベターかもしれない**」という判断を強めることになりました（この大化け株マーケットの法則は、まだバックデータが20年と短く、第2章での33指標に選出しませんでしたが、今回も当たるようなら今後はポジション調整のための指標に取り入れたいと思います）。

10倍株の話が出たので余談ですが、基本的に10倍株を狙う際には2～5年程度の期間は想定してほしい一方で、「不況の株高」となるような年は抜群に10倍株が短期間で狙える年になります。

そのような年である1999年は5銘柄、2003年は4銘柄、2009年は3銘柄、2013年は7銘柄と、年間を通じて10倍高の株価を維持できた「10倍株豊作の年」となっており、このことは、長期的に不況で株を買っておくことの重要性を物語っています（ある材料で株価が急騰して10倍になった後に大暴落するような事例を含んでいないケースを、年間を通じた10倍株高と表現しております）。

全体市場の急落とＶＩＸ指数の急上昇が19年春以降の2倍株の狙い時

私が大化け株を狙う時は、通常は全体市況の上昇トレンドに順張りで狙います。

しかしながら、２章の売サインが次々と点灯し、**全体市場が天井圏・下落トレンド入りにあると判断した場合は、「株価の上昇をありがたい売り時」とし、株価の急落で市場の異常サインが点灯した時に、短期逆張りで大化け株を狙い**に行きます。

普段、ブログをお読み頂いておられる読者の方はよくご存じだと思いますが、私が18年2月・**12月の急落を逆張り買いチャンスと判断した背景には、共にＶＩＸ指数が30以上の買いサインが点灯**（加えて騰落レシオや乖離率なども加味して判断）しておりました。

２０１９年に再びＶＩＸ指数等での短期買いのサインが点灯すると想定しているのは、前述の考察に加え、18年と06年で同じような相場サイクルの現象が見られたこともございます。

つまり、２００７年の株価の動き（以下チャート図）を参考に、大型株なら3月（①）・8月（③）、新興株なら5月（②）・9月（④）のような急落を想定して2倍株を狙いたいと考えております。特に、④のようなマザーズの急落があれば短期2倍株の大きな好機になるでしょう。

06年年始を基点にした07年2月2週までの指数化チャート

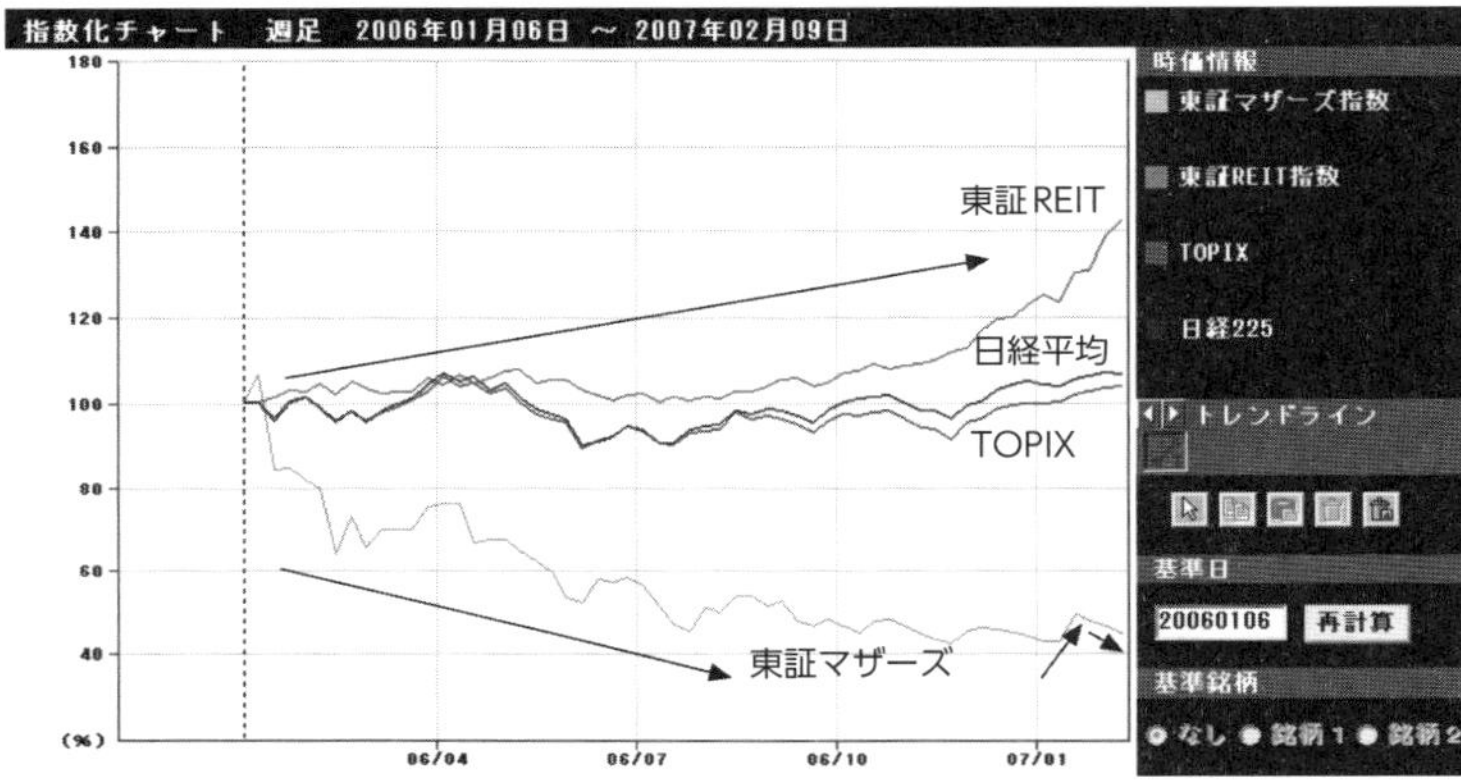

18年年始を基点にした19年2月2週までの指数化チャート

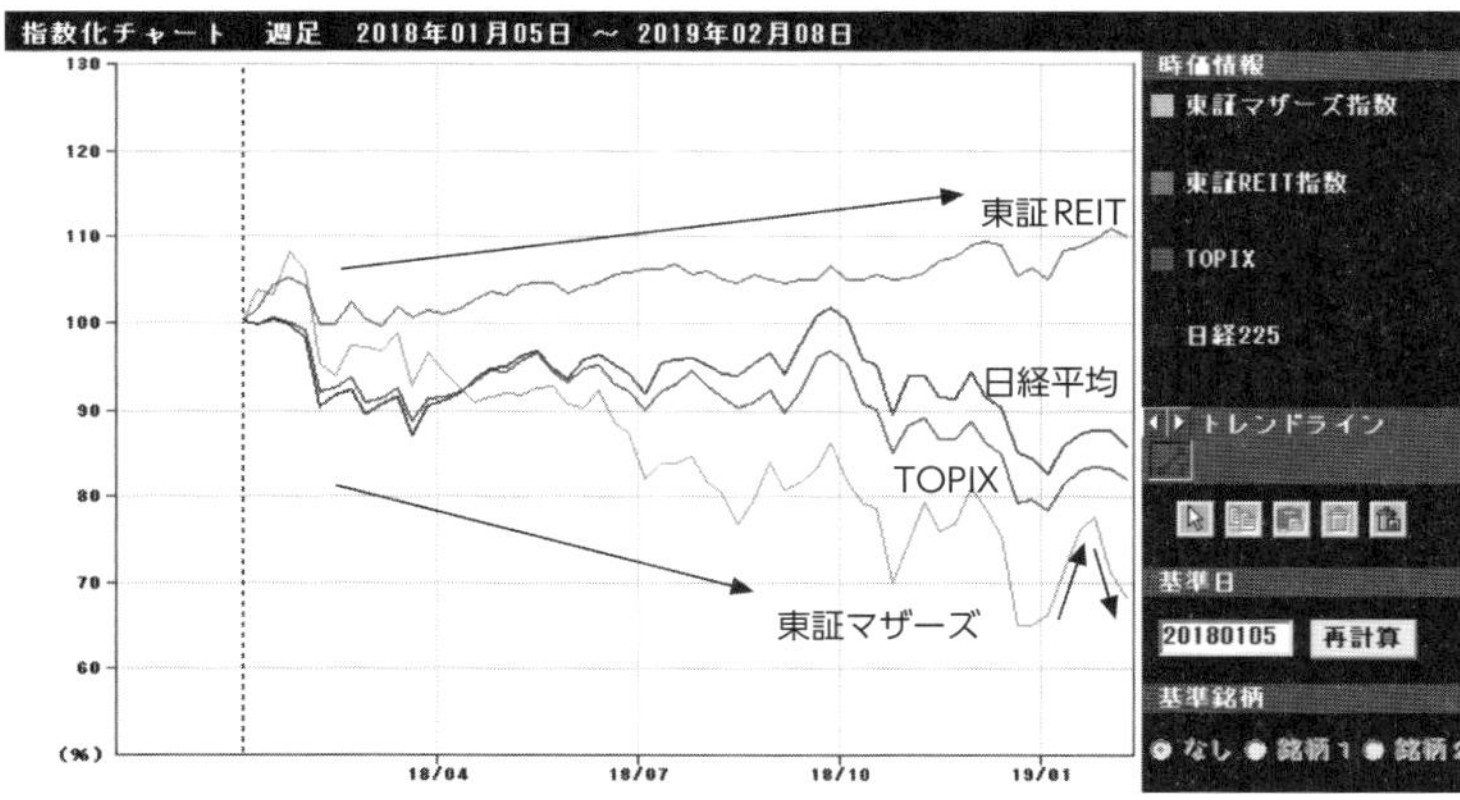

2018年も2006年も全体市場のパフォーマンスを比較すると、東証REITが良く、東証マザーズが悪いという共通点を見つけました。これは、不動産価格の最高値が株の最高値よりも遅行し、安定感のある企業の集まった日経225よりも先に新興株が天井をつける傾向があるため起こる現象で、偶然でありません。

⇨ 2007年相場を2019年相場のヒントに！

07年年始を基点にした08年2月2週までの指数化チャート

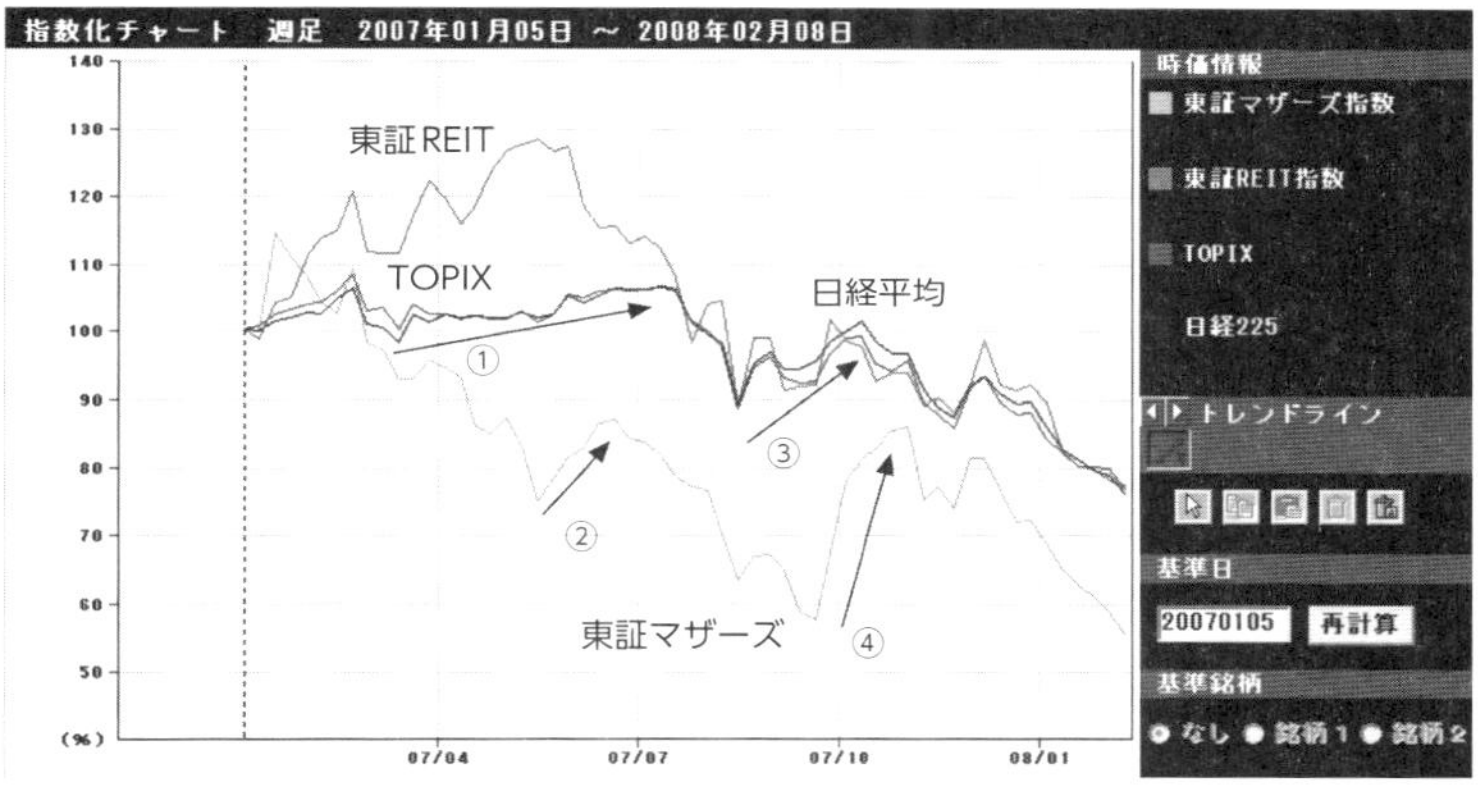

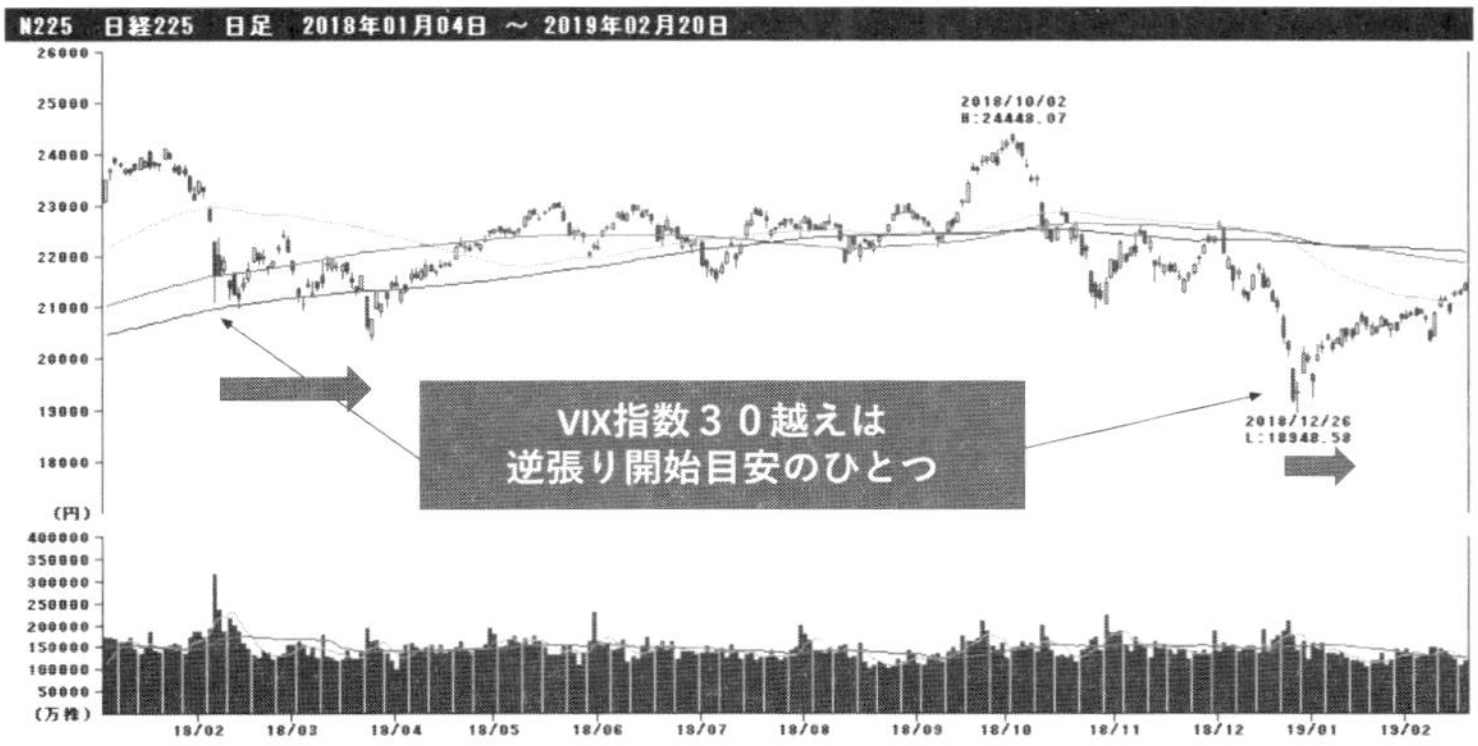

米中貿易協議、米債務上限問題、ＦＯＭＣや英国のＥＵ離脱など世界経済への大きな懸念イベントの期限のある3月や協議延長後の６～８月、日本の要因では4月・5月10連休前後の急落や10月の消費増税前後のタイミングを特に注目しております。

VIX指数の急騰で短期逆張り勝負！

【週末にできる！】３ステップで見つける短期２倍株

今度は短期大化け狙いの個別２倍株の見つけ方を指南させて頂きます。今回の発掘法は、順張りの上昇相場でも変わらずに使用できる方法ですが、長期下り坂相場の逆張りで特に有効です。

また、週末に発掘する前提のルールとなっており、多忙な方でも週末だけで活用可能です。

①週末に出来高や上昇率に大きな変化が出た銘柄を抽出

⇩

②株価位置が日足・週足チャートで上場する全体市場指数よりも上位にある銘柄に絞る

⇩

③その中から、「まずは2倍株狙いの5つのファンダメンタル条件」でスクリーニングし、最後は自分目線で業績の伸びそうな会社やご自身で使用されている割安判定で相対的に割高でないものを選定する

方法の手順としては、３ステップのシンプルなものです。

これなら相場環境が悪くても2倍株を発掘できる！

前項の手法は、トップダウンと呼ばれる株の探し方です。

10倍株となったペッパーフードサービスを前著で紹介した際、ポイント化したスコアが一番高かったので詳しく調べて注目株にしたという流れが、それに似ています。

２０１８年秋以降の日本株のダウントレンドが始まる前、私はＦＲＢの強気スタンスも背景に厳選８銘柄（以下、すべてブログ上の銘柄）に注目したことがありました。

全体相場がその後どんどん下がったことは残念でしたが、**前ページの手法で発掘した注目株の中には半月で１・５倍まで急騰し４カ月で2倍**になったものも現れてきました。

また、**同手法で発掘した前述銘柄の前の新規注目3銘柄のうち、2銘柄でも2倍株を達成し**ました。もちろん、この間の全体市場は横ばいよりも少し上向きとなりかけた程度でしたが、1銘柄は２カ月で２倍株となりました。

さらに、その３銘柄よりも前に発掘した10選では、**2銘柄が2倍株に、その他3銘柄がほぼ2倍株、2銘柄が1・5倍にもなった高確度の実績を持った発掘法**です（以下、図参照。そのうちオロは短期で3・5倍近くまで続伸しました)。

もっと前に遡れば、日経平均の右肩上がりと重なり、10倍株を含む多くの大化け株の事例が出て参りますが、あくまでも**全体市場がマイナスか横ばい圏でも2倍株のチャンスがある見つけ方**という絞り込みですので、それは割愛します。

余談ですが、昨年からの新興株、小型株の急落でこの間の前述した8選の平均パフォーマンスがプラス16・8%に留まりましたが、日経・ジャスダック・マザーズ平均の3平均合計がマイナス11・3%でしたので、良しとせねばならないとは思います。以前の著書で書いたことがありますが、**2割程度の大化け株の出現が投資家のパフォーマンスを救ってくれる**ことも事実だという一例になりそうです。

また、その前の10選のように多数の大化け株が生まれれば、**10倍株のない1年間でも、平均60%プラス超のパフォーマンス**を生み、それなりの勝ち幅が取れましたので、やはり**2倍大化け株の発掘は魅力的**です。

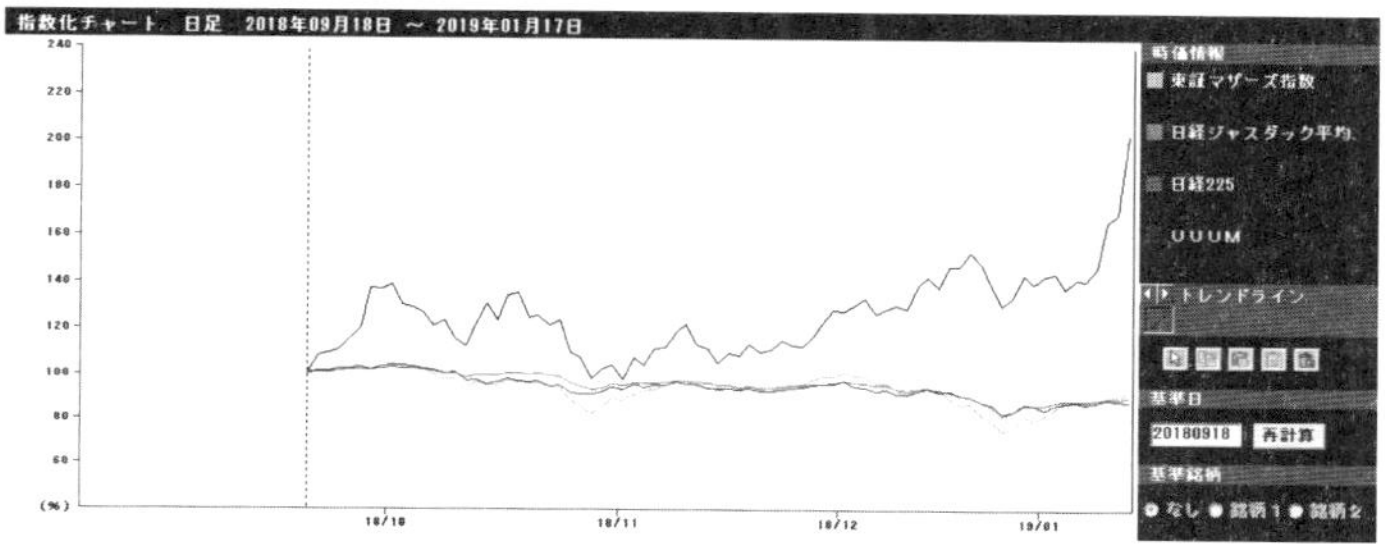

主な全体市場指数がすべてマイナスの中、4カ月2倍株をUUUMで達成！
(18年9月18日～19年1月17日)

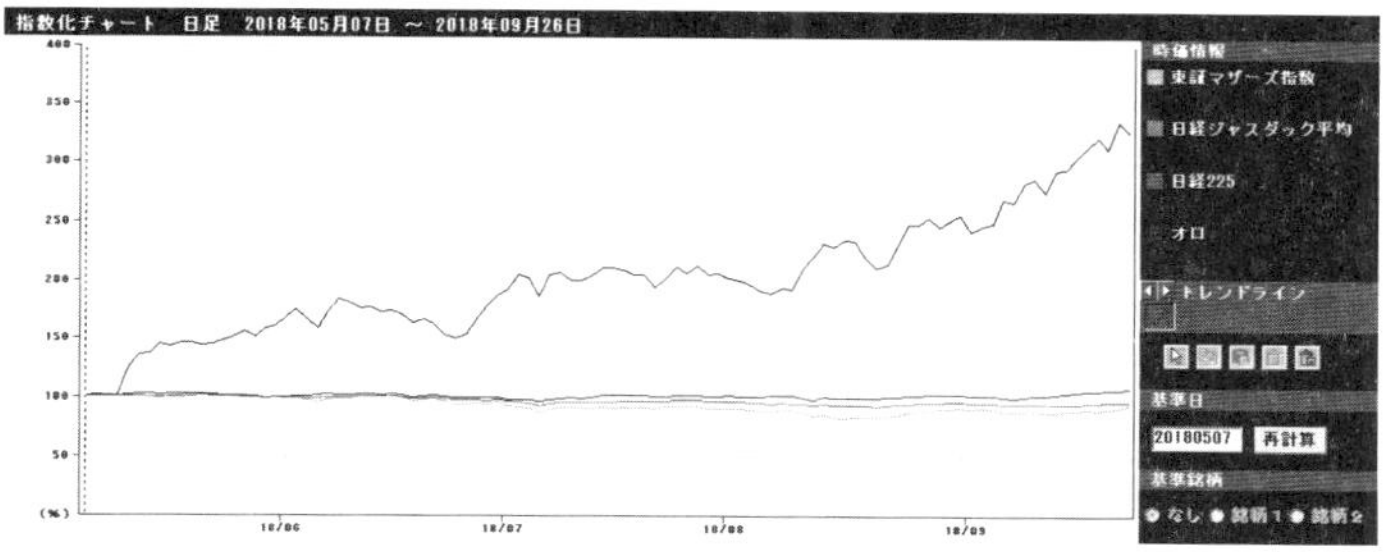

主な全体市場指数がほぼ横ばいの中、2カ月2倍株をオロで達成！
(18年5月7日～18年9月26日)

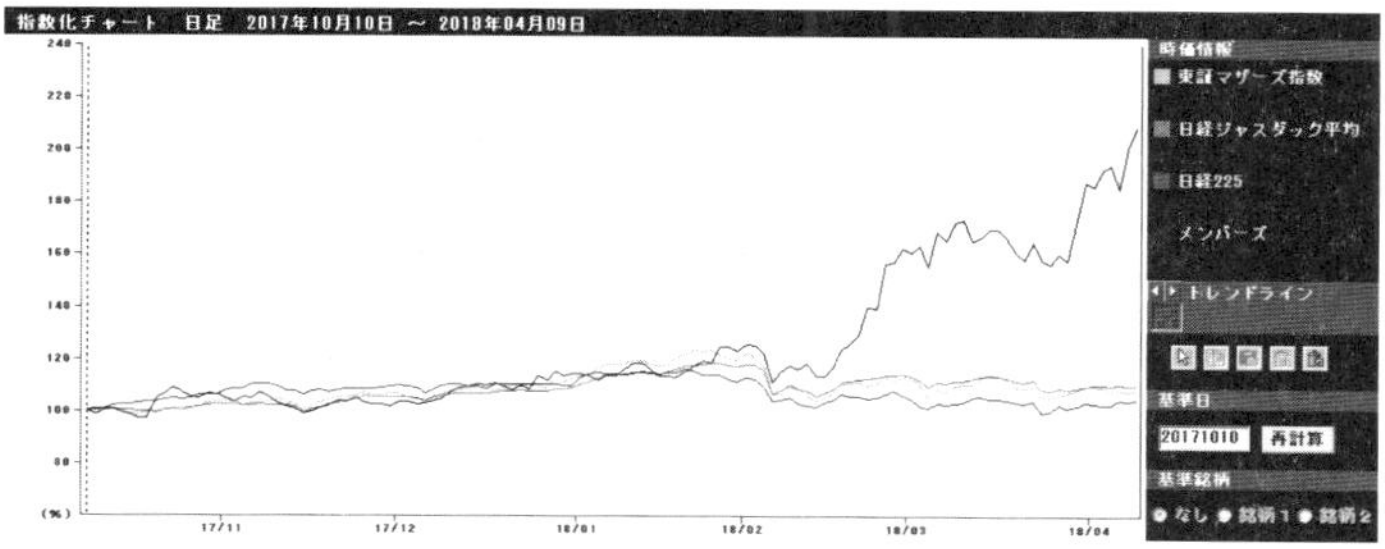

主な全体市場指数が5～10%上昇の中、6カ月2倍株をメンバーズで達成！
(17年10月10日～18年4月9日)

《STEP1》出来高や上昇率に大きな変化が出た銘柄の探し方

では、前述の2倍株を発掘してきた見つけ方の最初の1歩となる「出来高や値上がり上昇率に大きな変化が出た銘柄」の探し方をお話しします。

私が採用している方法は、2つです。

以下と次ページの図でご確認ください。

①金曜日の出来高乖離率ランキングで3％以上上昇している銘柄をチェック

これは東証1部、東証2部、ジャスダック、東証マザーズのすべての市場を調べます（事例は楽天証券のマーケットスピードを使用）。

②週次の株価値上がり率が15％以上の銘柄をすべてチェック

（事例はＹａｈｏｏ！ファイナンスを使っております。

参照：https://info.finance.yahoo.co.jp/ranking/?kd=1&mk=1&tm=w&vl=a)

STEP 1 – ①

出来高乖離率上位かつ3%以上上昇した銘柄を市場別に抽出

楽天証券 MARKETSPEED

ホーム　総合　注文約定　投資情報　ニュース　マイページ

ランキング情報 — 国内株式

情報種類 出来高乖離率上位銘柄　市場 東証1部　検索　楽天証券内ランキング

出来高乖離率上位30銘柄 東証1部

ここで東証2部・ジャスダック・マザーズも選択

No	!	銘柄	貸借区分	現在値	前日比	前日比率	出来高	出来高乖離率
1	1585	ダイワ投信TPXE>	貸借	1,184.0	0.0	0.00%	165,710	285,400.00
2	2045	シンガポールリートE	信用	11,990.0	-20.0	-0.17%	1,067	35,466.66
3	1474	ONEETFJPX4	貸借	13,890.0	-240.0	-1.72%	2,290	18,983.33
4	1490	上場高配ベータヘッジ	貸借	9,670.0	0.0	0.00%	270	13,400.00
5	1635	ダイワTP17エネ	貸借	13,360.0	-110.0	-0.82%	5,442	12,555.81
6	1399	上場高配当低ボラ	貸借	1,522.0	-33.0	-2.12%	3,310	7,095.65
7	1629	NEXTF商社・卸	貸借	31,650.0	-950.0	-2.91%	186	6,100.00
8	1654	ダイワBLOSSOM	貸借	1,147.0	-29.0	-2.47%	11,310	4,216.79
9	1494	ONE高配当日本株	貸借	17,420.0	-280.0	-1.58%	874	4,081.90
10	1392	UBSETF英国株	貸借	2,540.0	-32.0	-1.24%	626	2,218.51
11	1312	ラッセル野村小型コア	貸借	18,790.0	0.0	0.00%	155	2,114.28
12	1630	NEXTF小売	貸借	18,520.0	0.0	0.00%	22	2,100.00
13	1642	ダイワTP17電機	貸借		-350.0	-2.08%	28,088	1,950.19
14	7989	立川ブラインド	貸借	1,111.0	+127.0	+12.91%	152,100	1,035.11
15	1652	ダイワ女性活躍指数	貸借	1,050.0	0.0	0.00%	1,080	1,700.00
16	1464	大和J400ダブル	貸借	8,830.0	-360.0	-3.92%	5,037	1,136.65
17	1893	五洋建設	貸借	546.0	-82.0	-13.05%	12,612,300	947.39
18	6218	エンシュウ	貸借	1,211.0	+97.0	+8.71%	294,000	910.30
19	7609	ダイトロン	貸借	1,592.0	+193.0	+13.80%	307,900	795.05
20	6340	澁谷工業	貸借	3,325.0	-455.0	-12.04%	265,900	789.89
21	7525	リックス	貸借	1,560.0	+39.0	+2.56%	39,000	680.00

ステップ1該当銘柄

19年2月9日の週末は30銘柄が該当

STEP 1 – ②

週間で15%以上値上がりした銘柄を全市場から抽出

値上がり率　全市場　週間　最終更新日時：2019年2月8日20時34分

1～50件/1756件中　シェア　ツイート

順位	コード	市場	名称	終値	値幅(週)		出来高(週)	掲示板
1	3622	マザーズ	ネットイヤーグループ(株)	676	+65.69%	+268	34,700	掲示板
2	2436	東証JQS	共同ピーアール(株)	1,479	+37.71%	+405	845,100	掲示板
3	3189	東証JQS	(株)ANAP	900	+36.99%	+243	2,352,100	掲示板
4	3559	マザーズ	(株)ピーバンドットコム	1,729	+33.93%	+438	165,500	掲示板
5	3930	マザーズ	(株)はてな	3,880	+32.02%	+941	688,200	掲示板
6	4563	マザーズ	アンジェス(株)	607	+31.67%	+146	45,302,500	掲示板
7	6930	東証JQS	日本アンテナ(株)	995	+31.44%	+238	2,510,400	掲示板
8	3457	東証1部	(株)ハウスドゥ	1,586	+30.97%	+375	6,425,900	掲示板
9	3489	マザーズ	(株)フェイスネットワーク	1,098	+28.72%	+245	332,800	掲示板
10	7863	東証JQS	(株)平賀	407	+27.59%	+88	65,800	掲示板
11	4395	マザーズ	(株)アクリート	1,252	+26.98%	+266	1,825,500	掲示板
12	2130	東証1部	(株)メンバーズ	1,391	+26.45%	+291	2,581,400	掲示板
13	4800	東証JQS	オリコン(株)	552	+25.74%	+113	2,441,800	掲示板
14	5821	東証1部	平河ヒューテック(株)	1,486	+25.19%	+299	639,700	掲示板
15	3794	東証2部	エヌ・デーソフトウェア(株)	1,621	+24.69%	+321	29,400	掲示板
16	7609	東証1部	ダイトロン(株)	1,592	+24.67%	+315	447,400	掲示板
17	1724	東証JQS	シンクレイヤ(株)	640	+24.51%	+126	540,900	掲示板
18	3698	マザーズ	(株)CRI・ミドルウェア	3,500	+24.20%	+682	360,200	掲示板
19	3612	東証1部	(株)ワールド	1,921	+23.86%	+370	1,181,400	掲示板
20	6920	東証1部	レーザーテック(株)	4,320	+23.61%	+825	5,144,800	掲示板

19年2月9日の週末は56銘柄が該当

《STEP2》株価が全体市場指数より強い銘柄に絞る
（個別銘柄の株価強弱判定の流れ）

①個別銘柄の該当する市場平均（TOPIX・東証2部指数・ジャスダック平均・マザーズ指数）の株価位置を日足（65・130・200日）移動平均線の上下と一目均衡表の雲の上下で確認する

⇩

②週足（13・52・100週）移動平均線の上下と一目均衡表の雲の上下でも確認する

⇩

③個別銘柄の株価位置が①・②と比較してそれよりも上方位置にあるかを確認する

⇩

④③でOKでも、株価が各移動平均線、一目均衡表の雲や過去の株価節目に上値を明らかに抑えられている個別銘柄を外す

⇩

⑤①～④の過程で選出した銘柄をSTEP3の査定に移す

以下、チャートの事例を見ておきましょう。

例：メンバーズ(2130・東証1部)を判定

①メンバーズの上場する東証1部の市場指数であるTOPIXの株価位置をまず確認

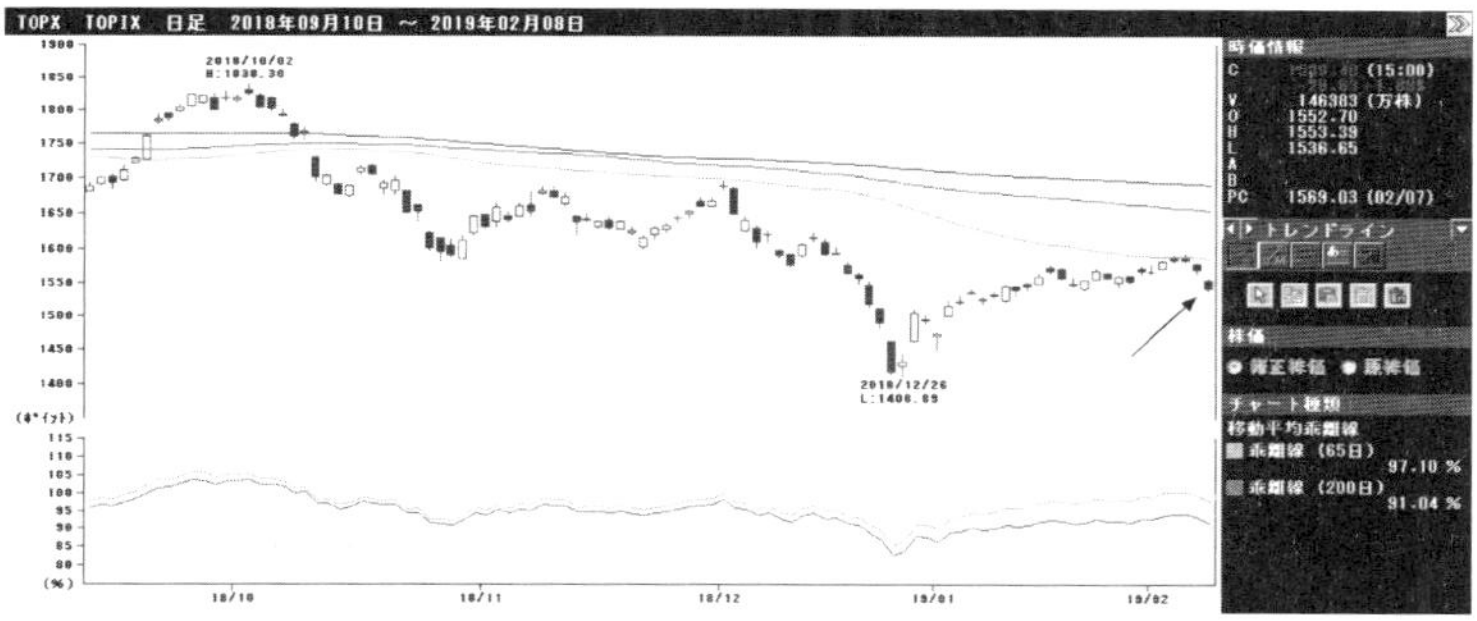

日足(65・130・200日)移動平均線の下に株価が位置している

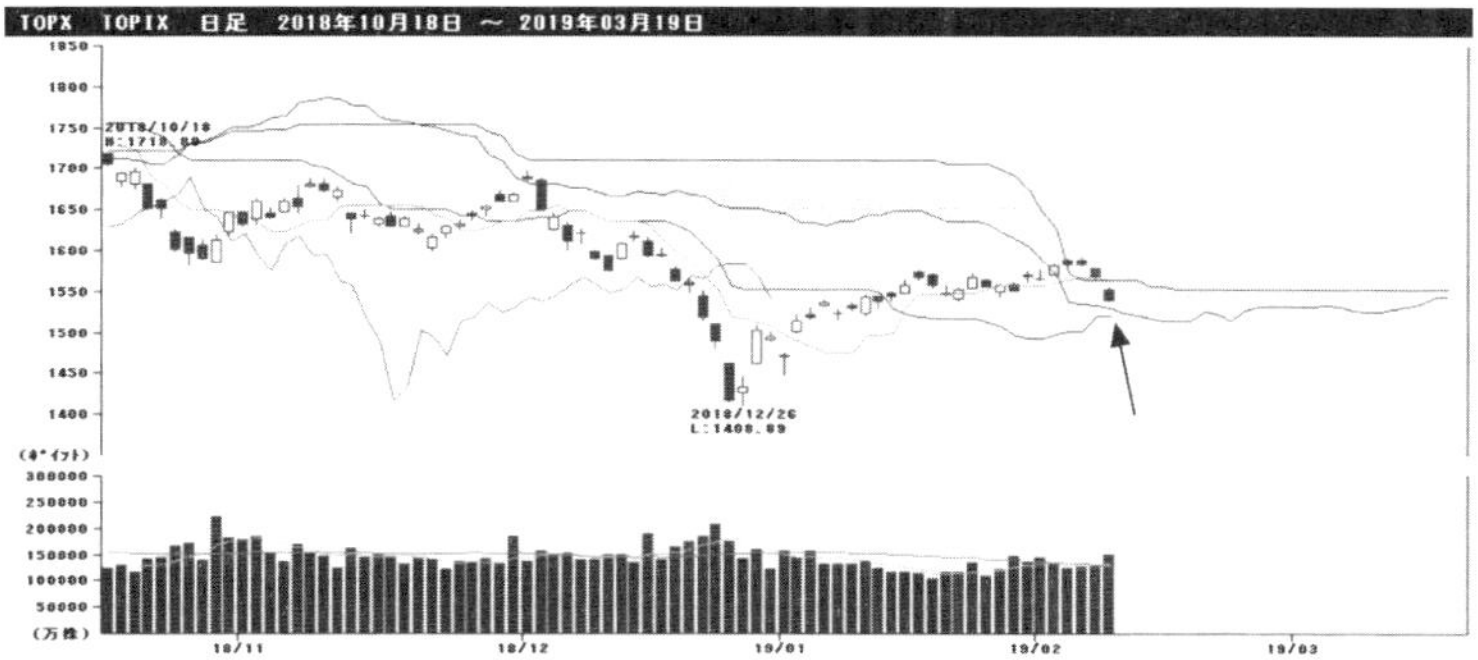

一目均衡表の雲の中に株価が位置している

⇩

続いて、週足をチェックする

②TOPIXの株価位置（週足）を確認

週足（13・52・100週）移動平均線の下に株価が位置している

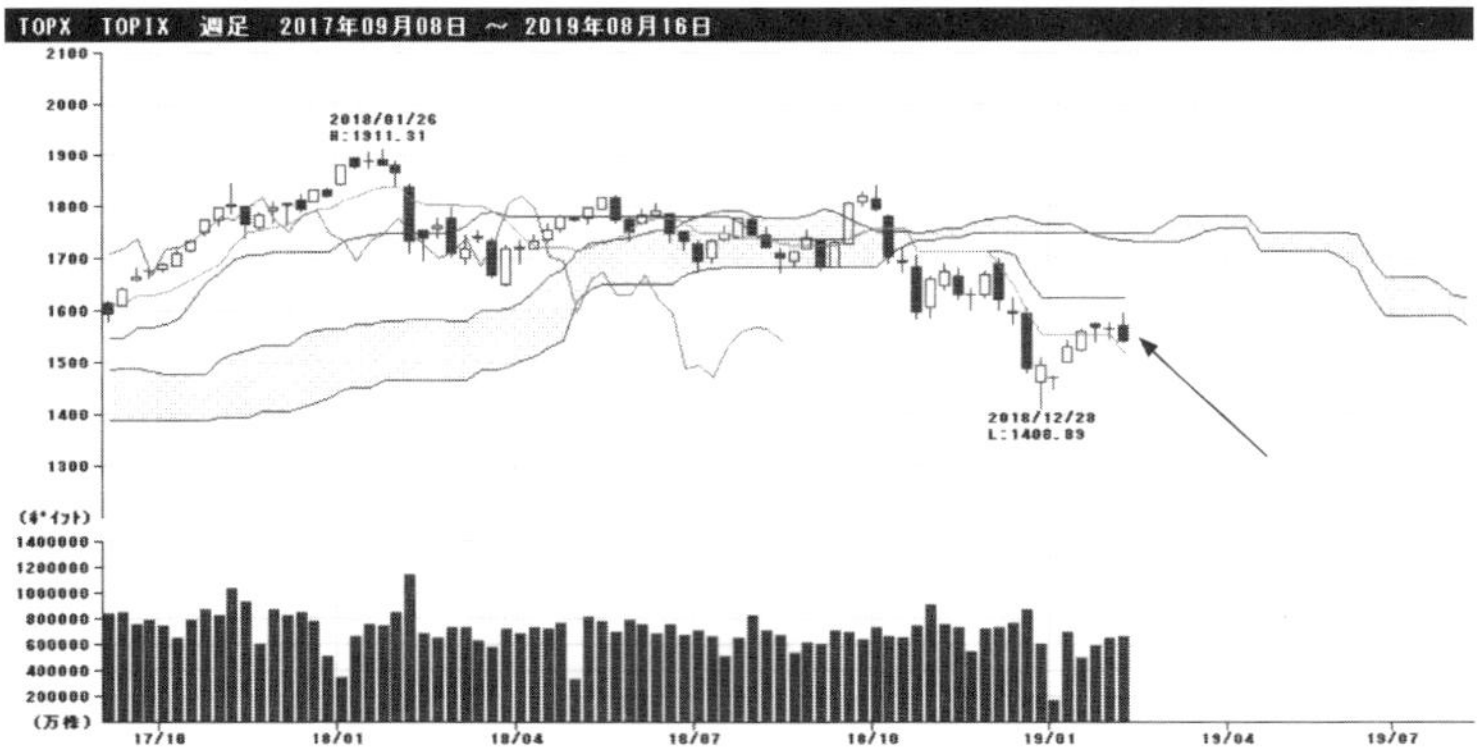

一目均衡表の雲の下に株価が位置している

⇩

続いて、個別銘柄（例：メンバーズ）の日足・週足とTOPIXの株価位置を比較する

③個別銘柄の株価位置を確認して、TOPIXと比較

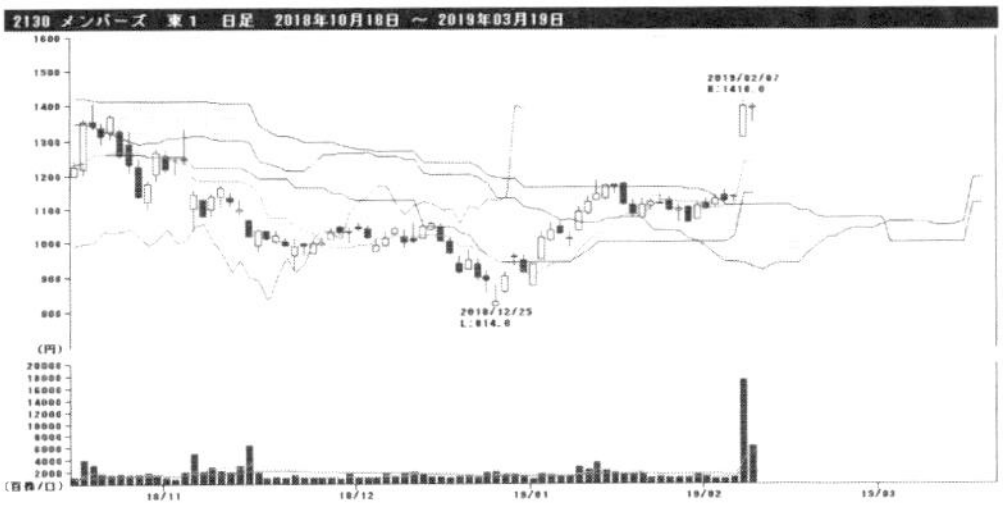

日足株価は移動平均線・一目均衡表の雲の上方推移

週足株価は移動平均線・一目均衡表の雲から上方推移に移行中

⇩

メンバーズの日足・週足株価はいずれもTOPIXよりも強い

⇩

④上値を抑える抵抗線も目立ったものはない

⇩

⑤STEP 3の判定へ

STEP2 その他の事例

●NG例：エンシユウ（6218）

この銘柄は株価が130日線に上値を抑えられており、仮に①～③がOKだとしても（ちなみに今回はNG）、④の個別銘柄自体の判定で、株価は強いとみなさず、ステップ3には進めない銘柄となる

●マザーズ銘柄例：フリークアウトHLDG（6094）

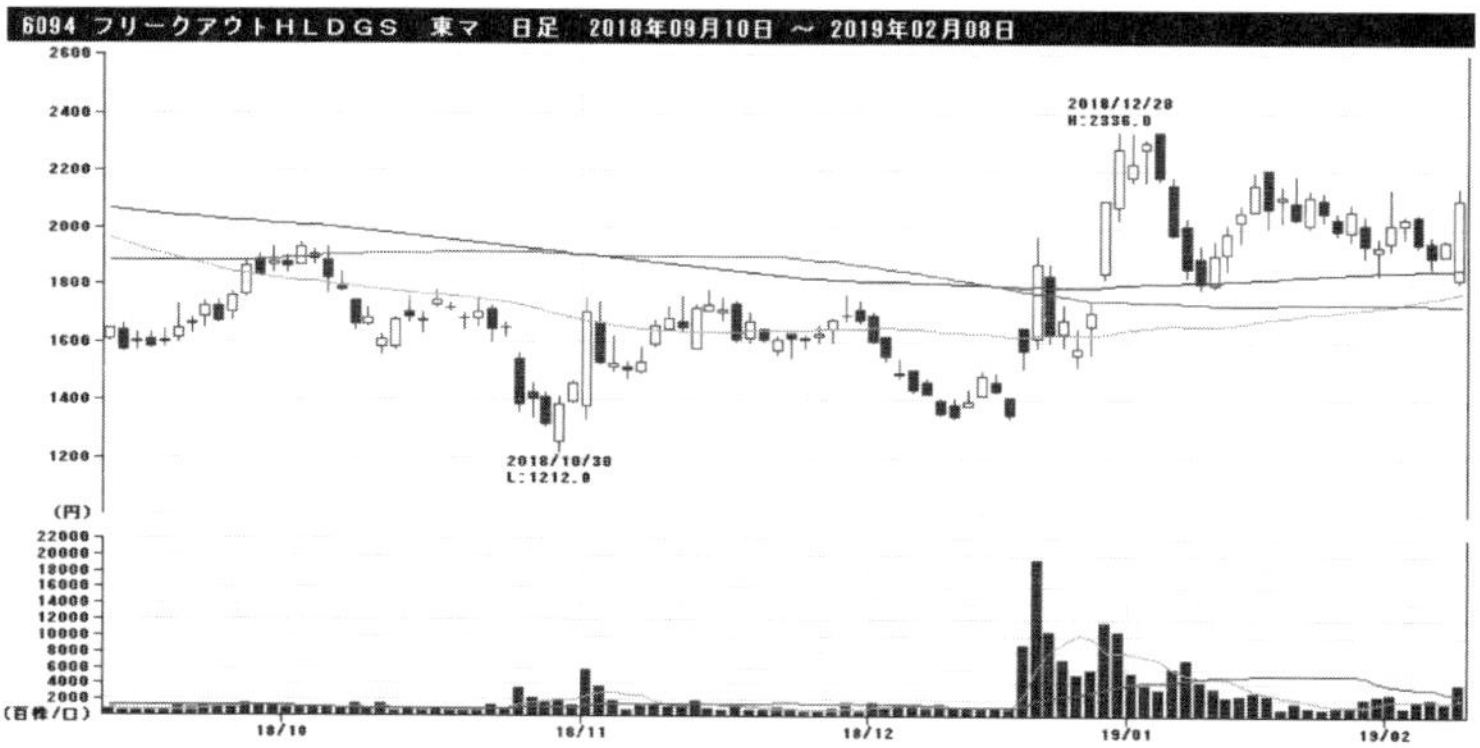

マザーズ指数が65・130・200日移動平均線及び一目均衡表の雲の下方推移の中で、当銘柄は各種移動平均線の上方推移に移行中で、一目均衡表の雲の位置からは押し目買い注目できる位置（週足もマザーズ指数より強いです）

《STEP3》ファンダメンタルの5条件で絞り、最後は自分目線で成長性の伸びしろが見込める割高でない会社を選出

STEP2の株価位置は「パッと見て株価が上場する市場平均よりも上のような感じがすれば」選んでもいいです。

STEP2では、明らかに相対的な株価の弱い銘柄や上値の重そうな銘柄を省くことができれば「OK」にしてください（この辺りは例えばダイヤモンドZaiの株入門編のテクニカルチャートの読み方の基本だけ身につければ十分）。

そうして残った銘柄を会社四季報などで、以下のファンダメンタルをチェックします。

✤まずは2倍株を狙うファンダメンタル5条件

①時価総額1300億円以下（ただし、現1兆円でも将来10兆円になるイメージがあれば、その規模は問わない）。

②経営陣か従業員が自社株を保有。ただし、株なし社長でもやる気次第で可もあり

③増収増益予想で、自分目線で時代のトレンド銘柄になる自信があるか

④倒産の心配が当面なさそうか

⑤PER70倍超、PBR10倍超、PSR7倍超などの超割高でないか

STEP3事例：メンバーズ判定⇒結果は合格

◎会社四季報2019年第１集

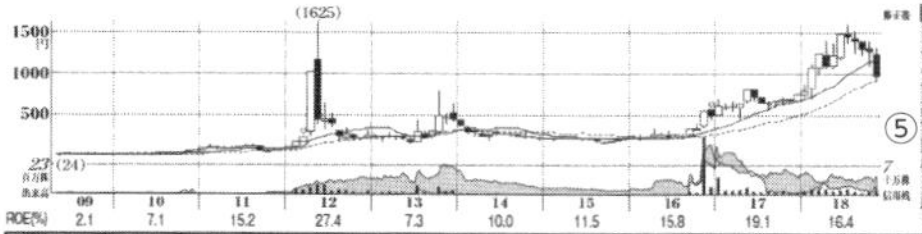

株価指標
予想PER (倍)
〈19.3〉 23.1
〈20.3〉 17.4
実績PER
高値平均 22.6
⑤安値平均 9.2
PBR 4.18
株価(11/26) 996円
最低購入額 9万9600円

2130 (株)メンバーズ 【サービス】 ➡前号並み

【特色】企業Webサイトやソーシャルメディア作・運用が柱。クリエーター派遣も。株主還元積極化に
【連結事業】ネットビジネス支援100
【決算】3月 【設立】1995.6 【上場】2006.11

【好調】主力のマーケティング支援は新規受注強化が奏功。クリエーターの増員実りデジタル人材事業が急成長。人件費や拠点開設負担を吸収。連続増配。20年3月期もマーケ支援が好調持続。人材事業伸長。

【目標】マーケ支援客数は今期末35社、来期末50社目指す(上期末27社)。RPA(業務自動化)などマーケ運営コスト削減サービス提供開始。障害者雇用支援の会社設立。〈18・3〉

年月【資本異動】		万株
06.11	公0.2万株(29万円)	2.9
12. 4	分1→100	295
12. 6	分1→2	591
17. 1	分1→2	1,243

東証	高値	安値
06~16	188000(06)	314(13)
17	836(5)	487(4)
18.1~11	1606(7)	711(2)

	高値	安値	出来万株
18. 9	1411	1219	137
10	1407	1101	288
#11	1332	919	338

【10年前比較】営業利益 —倍
時価総額48.56倍 1年前比1.44倍
【四半期進捗率】3期平均31.8%*
今期26.7%(▲5.1%)
【業種】メディア
時価総額順位 63／117社
【比較会社】3622 ネットイヤ, 6081 アライドア, 9715 トラコスモ

【株式】%31 12,827千株
単位 100株 貸借
時価総額 ① 127億円
【財務】⑤〈◇18.9〉 百万円
総資産 4,990
自己資本 3,031
自己資本比率 60.7%
資本金 ④ 873
利益剰余金 1,570
有利子負債 ‥
【指標等】 〈◇18.3〉
ROE 16.4% 予18.1%
ROA 8.6% 予11.0%
調整1株益 34.8円
最高純益(17.3) 449
設備投資 ‥ 予 ‥
減価償却 224 予 ④
研究開発 ‥ 予 ‥
【キャッシュフロー】 百万円
営業CF 834(497)
投資CF ▲270(▲28)
財務CF ▲235(▲220)
現金同等物 1,941(1,613)

【株主】単3,268名〈18.9〉② 万株
剣持忠 326(25.4)
デジタルアドバタイ 223(17.4)
日本マスター信託口 52(4.1)
自社従業員持株会 30(2.3)
(株)晴 25(1.9)
日本トラスティ信託口 20(1.5)
チェース・マンハッタン・バンクGTS(エスクロウ) 19(1.4)
本多均 18(1.4)
ウォータースタンド(株) 17(1.3)
高野明彦 16(1.2)
〈外国〉4.6% 〈浮動株〉15.1%
〈投信〉2.3% 〈特定株〉59.3%

【役員】(代取)剣持忠 (取)高野明彦 (取監)甘粕潔* 徳久昭彦* 金井政明* 玉上進一*
【連結】メンバーズキャリア, MOVAAA, メンバーズエッジ

【業績】(百万円)	売上高	営業利益	税前利益	純利益	1株益(円)	1株配(円)
連14. 3*	5,793	263	261	145	12.6	2.5
連15. 3*	6,325	303	320	184	15.7	3
連16. 3*	6,469	448	468	290	24.5	6記
◊17. 3	6,479	658	655	449	37.3	7.5
◊18. 3	7,403	667	664	441	36.0	9.5
◊19. 3予 ③	8,900	800	800	550	43.2	11.5
◊20. 3予 ⑤	11,000	1,100	1,100	730	57.3	11.5~13.5
中18. 9	3,930	214	215	145	11.6	0
中19. 9予	5,000	330	330	220	17.3	0
会19. 3予	8,900	802	798	548	(18.5.10発表)	

【配当】	配当金(円)
14. 3	5
15. 3	6
16. 3	12
17. 3	7.5
18. 3	9.5
19. 3予	11.5
20. 3予	11.5~13.5
予想配当利回り	1.15%
1株純資産(円)〈◊18. 9〉	238.0 (235.7)

【本社】104-6037東京都中央区晴海1-8-10 晴海トリトンオフィスタワーX ☎03-5144-0660
【制作拠点】仙台, 北九州, 神戸
【従業員】〈18.9〉連994名 単754名(30.6歳)年423万円
【証券】上東京 幹(主)野村(副)みずほ 名三菱U信 監アヴァンティア
【銀行】みずほ, 三菱U, りそな
【仕入先】—
【販売先】ユニクロ

2019年1集 https://www.members.co.jp/

①最新の時価総額は200億円程度

②社長個人名義で４分の１を超える株を保有でOK

③増収増益予想で、デジタルマーケ事業の成長性も注目ですが、決算説明会等の社長のあいさつをぜひ一度読んでみて下さい。

こういう情熱的で志の高い経営者は応援したくなります。

④自己資本比率も６割を超え、営業CFは２期連続プラスでその水準も営業利益と比較しても問題の無い優良レベル。現金同等物も営業利益の３年分程度あり、倒産の心配は当面なさそうです。

⑤作業を行っていた２月初旬の予想PER30倍台、PBR6倍台、予想PSR2倍程度と超割高ではなく、２倍株を期待する程度なら問題なし。なお、私の独自の総合割安度は1.6と割安で総合的に魅力的な銘柄でした！

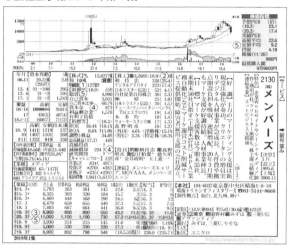

ちなみに、このファンダメンタルの5条件は前著『いま仕込んでおくべき10倍株』でご紹介したものなのですが、その時に**事例銘柄としてとりあげたシステナ（2317）は、その後4倍株まで中長期で上昇してくれました**。

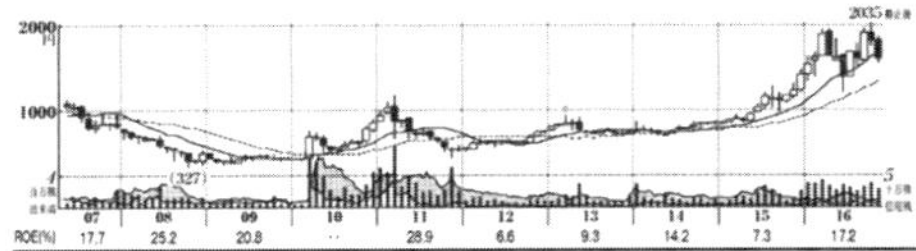

予想PER (倍)
〈17.3〉 15.7
〈18.3〉 14.1
実績PER
高値平均 23.8
安値平均 14.1
PBR 2.82
株価(11/28) 1606円
最低購入額 16万600円

【情報・通信】 ↓前号比減額 ☺会社比強気

2317 (株) システナ 【決算】3月 【設立】1983.3 【上場】2002.8

【特色】ソフト開発支援が主。端末向けから車載向け等にシフト加速。運用・保守も。配当性向40%以上

【連結事業】ソリューションデザイン33(11)、フレームワークデザイン12(13)、ITサービス13(8)、ソリューション営業39(3)、他2(▲3)〈16・3〉

【連続増益】主力のソフト開発支援は車載・航空管制・IoT関連が好伸。ただ金融向けは後半に厳しさ増す。新商材育成や海外テコ入れを一段加速、関連費積み増しも前号より営業増益幅縮小。増配。18年3月期もITサービスや車載向け開発支援底堅い。

【新商材】米マカテ社から独占販売権獲得した新型2次元コード販売開始。米家電見本市にも17年1月本格出展し認知度向上。③

年月	【資本異動】	万株
04. 6	分1→4	7.7
05. 2	分1→3	23
10. 4	合併	31
12. 2	消却	28
13. 4	分1→100	2,818

東証	高値	安値
02~14	2280000(04)	696(13)
15	1468(12)	835(1)
16.1~11	2035(10)	1214(6)

	高値	安値	出来万株
16. 9	1990	1574	257
10	2035	1772	305
#11	1876	1550	262

【四半期進捗率】3期平均39.7%
今期48.6%(+8.9%)
【格付】—

【業種】通信サービス
時価総額順位 19/97社
【比較会社】4719 アルファシ.
9889 JBCCH, 9719 富士ソフト

【株式】28,180千株
単位 100株 【貸借】
時価総額 452億円 ①
【財務】〈連16.9〉 百万円
総資産 22,011
自己資本 13,959
自己資本比率 63.4% ④
資本金 1,513
利益剰余金 10,037
有利子負債 1,525
【指標等】〈連16.3〉
ROE 17.2% 予17.9%
ROA 9.8% 予11.4%
調整1株益 一円
最高純益(11.3) 2,957
設備投資 233 予‥
減価償却 170 予‥
研究開発 163 予‥
【キャッシュフロー】百万円
営業CF 2,719(2,757)
投資CF ▲623(▲367)
財務CF ▲1,408(▲1,651)
現金同等物 6,634(5,962) ④

【株主】単6,762名〈16.9〉 万株
SMSホールディングス(有) ② 673(23.8)
自社(自己株口) 367(13.0)
日本トラスティ信託口 167(5.9)
自社社員持株会 98(3.5)
日本マスター信託口 85(3.0)
BNPパリバ(Lux)J.FIMルクF.UCITS 55(1.9)
ガヤ・アセットマネージャー(同) 33(1.1)
三浦賢治 28(1.0)
国分靖哲 26(0.9)
日本トラスティ信託口II 21(0.7)
〈外国〉12.9% 〈浮動株〉14.8%
〈投信〉7.0% 〈特定株〉55.6%
【役員】会逸見愛親 社三浦賢治 副淵之上勝弘 専甲斐隆文 常河地伸一郎 石井文雄 田口誠 鈴木行生* 小河耕一* ⇒欄外
【連結】ProVision, 東京都ビジネスサービス

【業績】(百万円)	売上高	営業利益	経常利益	純利益	1株益(円)	1株配(円)
連12. 3*	30,630	1,822	1,918	904	30.6	29
連13. 3*	31,662	2,244	2,292	1,203	44.0	30
連14. 3	33,969	1,656	1,746	1,797	69.2	30
連15. 3	36,951	2,226	2,322	940	37.0	30
連16. 3	42,695	3,172	3,208	2,249	90.6	32
連17. 3予	47,800 ③	3,800	3,800	2,500	102.0	36~40
連18. 3予	49,800	4,300	4,300	2,800	114.3	36~44
中16. 9	21,694	1,687	1,627	1,057	43.1	18
中17. 9予	22,600	1,800	1,800	1,100	44.9	18~20
会17. 3予	45,800	3,474	3,475	2,303	(16.5.10発表)	

【配当】	配当金(円)
15. 3	15
15. 9	16
16. 3	16
16. 9	18
17. 3予	18~22
17. 9予	18~20
18. 3予	18~24
予想配当利回り	2.24%
1株純資産(円)〈連16. 9〉	569.6 (542.0)

【本社】105-0022東京都港区海岸1-2-20 汐留ビルディング ☎03-6367-3840
【大阪支社】大阪市北区茶屋町19-19
【横浜事業所】横浜市西区みなとみらい2-2-1
【従業員】〈16.9〉連2,556名 単1,980名(34.0歳)年513万円
【証券】上東京 幹(主)大和(副)野村, 東洋 名三井住友信 監あずさ
【銀行】みずほ, 三井住友, 三井住友信, 三菱U信, りそな, 三菱U
【仕入先】シネックスインフォテック
【販売先】パナソニック

2017年1集

①時価総額452億円でまずは2倍株なら、余裕の許容範囲

②筆頭株主（法人）は社長の資産管理会社（ググってわかります）でベスト！

③増収増益予想で、現在世界一注目される見本市「CES」に出展するのは、成功すれば大化けヒストリーに発展があり得ますね

④自己資本比率は60％超、営業CFは2期連続マイナスでもなく、有利子負債対現金同等物比率も1513 ÷ 6634 = 0.23で問題なし

⑤予想PERが20.29、PBR3.32、予想PSR1.06で割高ではない

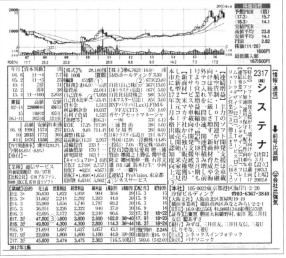

もっとも、この銘柄は日経平均やＴＯＰＩＸよりも株価が弱い位置にありましたが、少なくとも１００週移動平均線が下値支持線として底堅くあったことに加えて、なによりＩｏＴでビジネスが伸びそうだという自分目線の強かったのが決め手でした。

また、あの当時はトランプバブルで全体市場が急騰するという判断があり、出遅れ銘柄（株価位置の低い銘柄）を中長期で狙うことに合理性もありました。

19年2月初旬の株価天井警戒の中では、原則として短期2倍株の確度を上げるために、前項の株価の強い条件も加味した方がいいですが、最終的には自分目線も大事にして下さい。

株は大雑把には簡単な理屈なのですが、実際の運用で細かくアジャストしていこうとすると、それなりに手間のかかるビジネスだとおわかり頂けるのではないでしょうか。

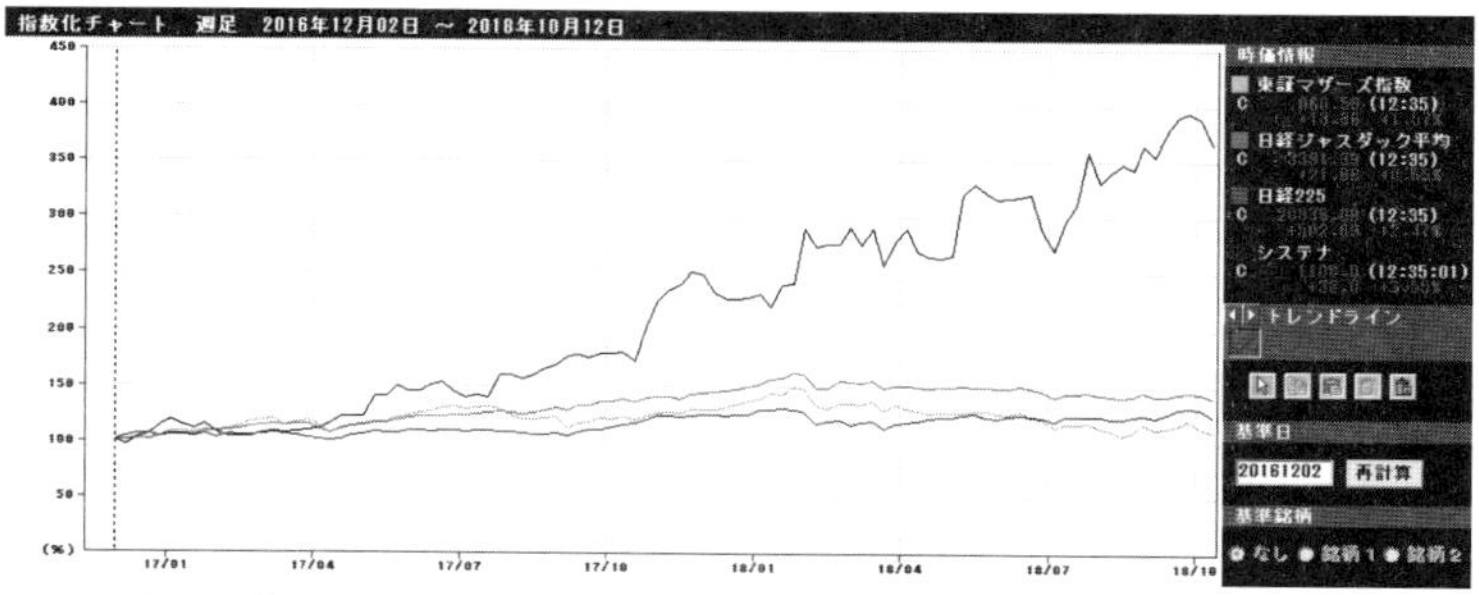

システナは１年10カ月最高値で４倍株を達成！

短期2倍期待の注目株

数か月～1年以内の短期2倍狙いの注目株リストは、10年目線の成長期待を背景にした2～5年で10倍株を狙う注目株リストと違い、有効期限が長くないので原稿のタイミングと出版されるタイミングとの1カ月半程度のタイムラグは致命的です。

そこで、この本の特典として、まさにタイムリーに「2倍期待の注目株リスト」を読者特典としてWEBにてプレゼントさせて頂くことに致しました。詳しくは巻末の特典案内をご覧頂きますようお願い致します。

なお、今回せっかく80近い銘柄の直近業績や事業動向などもチェック致しましたので、第4章192ページにて該当5銘柄とその割安度を掲載しておりますのでご参照ください！

【おまけ】10倍株の6つの特徴とチェック・ポイント16

投資家の中には、この下落警戒の相場地点から優良な銘柄を買い下がっていく方もいらっしゃると思います。そんな方が長期10年で10倍株を狙う参考指標として活用していただければと、この項で10倍株の法則も掲載させて頂きました。次章では、そんな方を対象に、長期的な視野での株のお話をさせて頂きたいと思います。

〈大化け性〉

特徴1：株価が強い

①株価が1年半来終値高値で上昇の勢いが強い（最低限、全体市場の株価指数よりも株価位置が高くて株価が強い銘柄）

特徴2：平均年収が上場企業の平均以下の若くて小さな会社

②時価総額300億円以下がベスト、1300億円以下は有望、それ以上でも1兆円の時価総額の会社が10兆円になる伸びしろを合理的に算段できれば可

③上場して10年以内（時価総額の段階に応じて伸ばしても良い）、会社設立50年以内
④全社員の平均年齢が比較的若く、平均年収が上場企業平均よりも低い

特徴3：少数特定者の株保有が多く、主要株主に経営陣がいる会社

⑤経営陣が主要株主欄にいるか
⑥少数特定者保有比率が50％以上、浮動株比率が20％以下

〈成長性〉

特徴4：売上も利益も伸びそうな会社

⑦予想増収率7％以上、前期増収率1％以上
⑧予想「営業利益」増加率7％以上
⑨予想「営業利益率」の増加率がプラスか、マイナスでも15％以内に収まっているか
⑩来期予想当期利益増加率がプラス
⑪自分目線で3～10年先の会社の成長性を信じ、応援したいか

〈安全性〉

特徴5：倒産の心配が当面なさそうな会社

⑫自己資本比率30％以上

⑬営業ＣＦが２期連続でマイナスでなく、有利子負債対現金比率が３・５以下

〈割安性〉

特徴6：株価が割高でない会社

⑭予想ＰＳＲが２・５倍以下

⑮予想ＰＥＲが30倍以下

⑯ＰＢＲが5倍以下

なお、直近で短期2倍株となったＵＵＵＭ（３９９０）は、注目時にＰＥＲ１００倍超でしたが、私独自の総合割安度（次章にて記載あり）で、まだ仕込める水準でした。

本やブログで公開しているこの指標を活用頂ければ幸いですが、この本をきっかけにご自身で大化け株の独自判定法の開発に着手されると、株投資の楽しみがより広がるかもしれません。

［第4章］

下り坂相場でこそ選別して拾いたい「成長期待株」

下り坂相場でこそ拾いたい「3〜10年単位で期待の成長株」

長期志向の投資家にとって、急落時は優良株を割安に買えるチャンスです。

本章では、2019年の諸懸念による急落や2020年以降の下り坂相場でこそ拾いたい成長期待株について、最初に成長株の選び方に触れ、その後に具体的な企業と今後のトレンドを世界一周・投資旅と日頃の企業ウォッチの所感なども交えてご紹介します。

景気後退を意識した下り坂相場で、**何でもかんでも上場している企業の株が上がる相場が終わる時こそ、10年目線で競争優位性や長期的なトレンドが変わらない質の高い成長企業を買う好機になります。**

これまでの市場の歴史を紐解けば、不確実性が高まる時期にこそ革新的な企業は顧客の支持を得て収益力を高めて、高い成長を遂げてきました。**こうした企業は相場の回復局面に一歩先んじて株価が上がりやすく、**その後も**長期的な大化け株になる可能性を秘めています。**

今後3〜4年はこのような好機が続くと見ており、じっくりと企業を選別しながら、短期的な暴落や不況による明らかな大底相場で拾っていってほしいと思います。

成長株候補の探し方〜投資先になりそうな会社をピックアップ〜

成長企業に投資するにも、まずは対象候補をピックアップしなければなりません。

その際には、以下の3つの視点を参考に該当しそうな企業を探してみて下さい。

「今後3〜10年で伸びそうな優良成長株を探す3つの視点」

①プラットフォーム・スタンダードを生み出す社会の基軸になる企業＝イノベーター

②社会構造の変化を商機ととらえ、時流に乗れる企業＝トレンド・ライダー

③ないと困るような質の高い製品やサービスをもった企業＝イネビタブル・ホルダー

成長株を探すときには、潜在的なイノベーター（①）が見つかれば、こんな有望なものはないのですが、米中に比べて競争力低下が顕著な日本では難しいかもしれません。

そんな時は、イノベーターの創出した技術を使ってビジネスを展開するトレンドに乗る企業＝トレンド・ライダー（②）を探せばよいでしょう。

さらには、「独自性」「高シェア」「ニッチ」という特色から競争優位性が高く、社会に欠かせない（③イネビタブルな）企業は価格支配力も強く有望な投資先です。

探し方①　意識的に自分の身近なコト・モノ・街を探す

あなたには、プロのアナリストより明らかに有利な点があります。それは、一般消費者としてちょっと意識を高く持つだけで、普段の生活や仕事の中から大化け株を探せることです。

会社で仕事をされておられる方は、自分の従事している業界の中の評判の良い企業を選ぶことは金融のプロよりも業界に精通していて有利でしょうし、家で子育てや家事をされておられる主婦・主夫の方は、洗剤やシャンプーなど日用品の比較や子供の塾の比較などから大化け株を掴む糸口をつかむことができるでしょう。

また、仕事に関わらず、すべての人が消費者として、例えばレストランでの食事、ショッピングモールでの買い物、旅行でお世話になった飛行機やホテルやサービスなどから気に入った企業の株価を調べてもよいと思います

大化け株の神様として名高いピーター・リンチも「**少し意識的に自分の仕事や近所の商店街などで起こっていることを見るだけで、（プロより）すごい銘柄、10倍株を見つけられる**」と述べています。

自分が実感できたことを、他の多数の人が掴んでいない（＝株価に反映されていない）場合、

それは大きなチャンスだと思ってください。

私の実体験から申し上げれば、32倍になったMonotaROや23倍になったアドウェイズはネット新時代でBtoB通販やモバイルの重要性をいち早く仕事で実感できていたからこそ大化けの芽に気がつくことができました。

ファーストリテイリングは上海に留学中にユニクロの中国1号店の開業と十店舗での買い物でその後の飛躍を確信しましたし、3倍超になったユニ・チャームはその同時期に中国内での富裕層から同社のおむつに対する高い評価を耳にしておりましたし、その製造装置を作っている瑞光は10倍株になりました。先般ようやく10倍株となったピジョンは、私の子供の誕生時に国内での病院からの推奨とその後の調査が決め手となり、5倍株になったくらコーポレーションは、通常なら閑散時間帯である15時前後に行列のあった「くら寿司」店舗をたまたま目にしたことから発掘しました。

株探しでWEBやスクリーニングも重要ですが、やはり実体験に勝るものはありません。過去の書籍で自分の体験はしっかり綴ってきたので、本書では簡単にしか取り上げませんでしたが、投資家のあなたに成長性への実感が沸く企業への投資を強くお勧めしたいと思います。

探し方② 時代のメガトレンドを意識して「テーマ」から探す

次は、成長テーマから有望株を探す方法をご紹介します。気軽に有望なテーマの関連銘柄を探したい時は、無料で使える「株探」が便利です。以下、前章でご紹介の4倍株となったシステナを株探で発掘した流れの復習として、前著に掲載した事例を左記にてご紹介します。

あとは、会社四季報オンラインで「人工知能」等のキーワード検索もおすすめです。

テーマ（今回はIoT）株を株探（無料）で見つけてみる

①トップページをスクロールして、人気テーマで関心のあるものをクリック

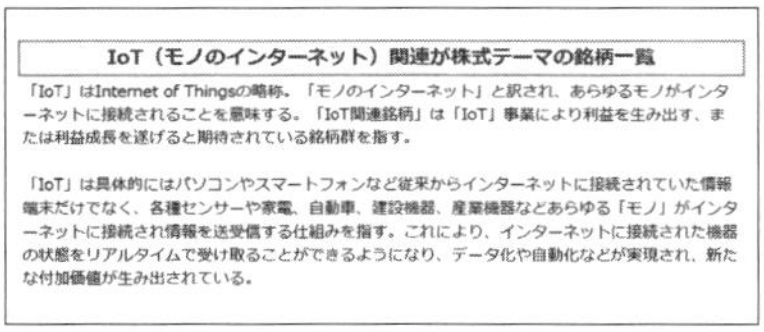

IoT（モノのインターネット）関連が株式テーマの銘柄一覧

「IoT」はInternet of Thingsの略称。「モノのインターネット」と訳され、あらゆるモノがインターネットに接続されることを意味する。「IoT関連銘柄」は「IoT」事業により利益を生み出す、または利益成長を遂げると期待されている銘柄群を指す。

「IoT」は具体的にはパソコンやスマートフォンなど従来からインターネットに接続されていた情報端末だけでなく、各種センサーや家電、自動車、建設機器、産業機器などあらゆる「モノ」がインターネットに接続され情報を送受信する仕組みを指す。これにより、インターネットに接続された機器の状態をリアルタイムで受け取ることができるようになり、データ化や自動化などが実現され、新たな付加価値が生み出されている。

②人気テーマの概略がわかりやすく書いてあるので、学んでおく

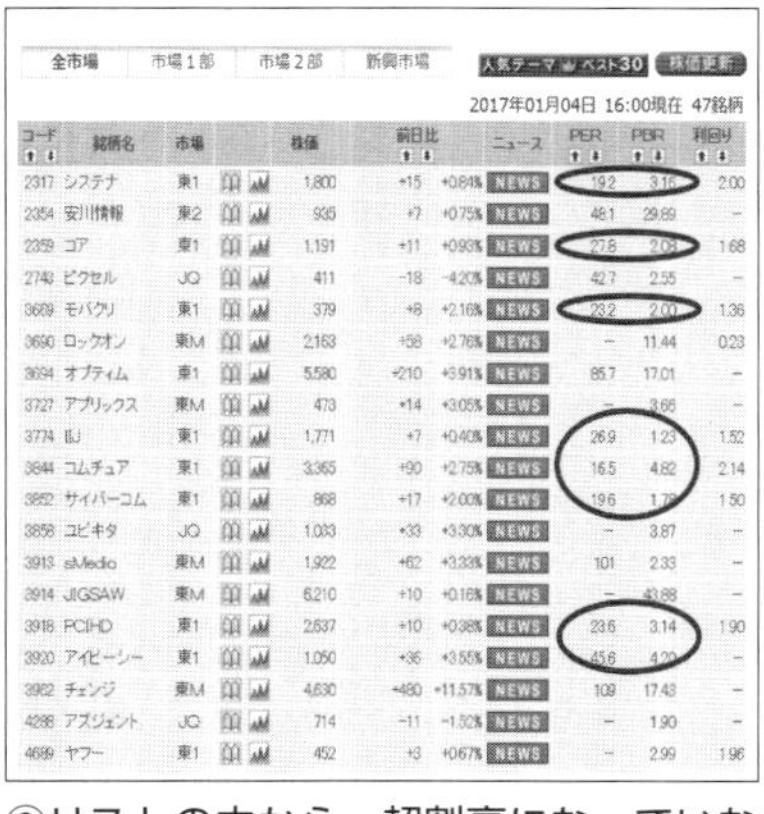

全市場　市場１部　市場２部　新興市場　人気テーマ ベスト30　株価更新

2017年01月04日 16:00現在 47銘柄

コード	銘柄名	市場	株価	前日比		ニュース	PER	PBR	利回り
2317	システナ	東1	1,800	+15	+0.84%	NEWS	19.2	3.16	2.00
2354	安川情報	東2	935	+7	+0.75%	NEWS	48.1	29.89	－
2359	コア	東1	1,191	+11	+0.93%	NEWS	27.8	2.08	1.68
2743	ピクセル	JQ	411	−18	−4.20%	NEWS	42.7	2.55	－
3669	モバクリ	東1	379	+8	+2.16%	NEWS	23.2	2.00	1.36
3690	ロックオン	東M	2,163	+58	+2.76%	NEWS	－	11.44	0.23
3694	オプティム	東1	5,580	+210	+3.91%	NEWS	85.7	17.01	－
3727	アプリックス	東M	473	+14	+3.05%	NEWS	－	3.66	－
3774	IIJ	東1	1,771	+7	+0.40%	NEWS	26.9	1.23	1.52
3844	コムチュア	東1	3,365	+90	+2.75%	NEWS	16.5	4.82	2.14
3852	サイバーコム	東1	868	+17	+2.00%	NEWS	19.6	1.79	1.50
3858	ユビキタ	JQ	1,033	+33	+3.30%	NEWS	－	3.87	－
3913	sMedio	東M	1,922	+62	+3.33%	NEWS	101	2.33	－
3914	JIGSAW	東M	6,210	+10	+0.16%	NEWS	－	43.88	－
3918	PCIHD	東1	2,637	+10	+0.38%	NEWS	23.6	3.14	1.90
3920	アイビーシー	東1	1,050	+36	+3.55%	NEWS	45.6	4.20	－
3962	チェンジ	東M	4,630	+480	+11.57%	NEWS	109	17.43	－
4288	アズジェント	JQ	714	−11	−1.52%	NEWS	－	1.90	－
4689	ヤフー	東1	452	+3	+0.67%	NEWS	－	2.99	1.96

③リストの中から、超割高になっていないものを探し、各社の情報をチェックする

最新のテーマ株を「株探」でチェックすると、5Gが1位のようで、IoT社会の到来には欠かせない大容量通信環境を実現する5Gビジネスの収穫期が到来したのだと思います。

なお、**旬のテーマの代表銘柄は割高になりがちですので、そのテーマの周辺銘柄がおすすめです。**そういう意味では、第2位の「人工知能」に再度出てくるシステナも四角で囲ったメンバーズも私の注目銘柄で、同じく周辺銘柄です。**多くの人の手あかがつく前に地味な銘柄がトレンド・ライダーになるのを先回りする**のは、狙い目の戦術です。

人気テーマ【ベスト30】 (アクセスランキング　3日間)

2019年02月16日 21時55分

順位	テーマ	銘柄
1	5G	NTTドコモ、ソフトバンクグループ、アンリツ
2	人工知能	パークシャ、HEROZ、ソフトバンクグループ
3	キャッシュレス決済	ソフトバンクグループ、ソニー、三菱UFJ
4	バイオテクノロジー関連	そーせいグループ、タカラバイオ、新日本科学
5	サイバーセキュリティ	FFRI、セキュアヴェイル、ラック
6	半導体	ルネサス、ローム、富士電機
7	全固体電池	トヨタ自動車、日立造船、オハラ
8	含み資産	東京都競馬、三井不動産、三菱倉庫
9	自動運転車	アイサンテクノロジー、アートSHD、ソニー
10	TOPIXコア30	トヨタ自動車、三菱UFJ、日本電信電話
11	衝突回避システム	トヨタ自動車、日産自動車、ホンダ
12	IoT	ソフトバンクグループ、ソニー、日本システムウエア
13	半導体製造装置	東京エレクトロン、アドバンテスト、スクリン
14	電子部品	太陽誘電、村田製作所、パナソニック
15	ICタグ	サトーホールディングス、トッパン・フォームズ、カーディナル
16	JPX日経400	ソフトバンクグループ、ZOZO、ソニー
17	量子コンピューター	NF回路、フィックスターズ、日本電信電話

コード	銘柄名	市場	株価	前日比		ニュース	PER	PBR	利回り
2130	メンバーズ	東1	1,428	+42	+3.03%	NEWS	33.3	5.80	0.81
2158	フロンテオ	東M	668 S	-150	-18.34%	NEWS	1,805	5.78	0.45
2173	博展	JG	1,444	-46	-3.09%	NEWS	17.8	4.65	1.39
2186	ソーバル	JQ	999	-3	-0.30%	NEWS	19.1	2.63	2.60
2315	カイカ	JQ	27	-1	-3.57%	NEWS	18.4	1.34	－
2317	システナ	東1	1,129	+17	+1.53%	NEWS	24.7	5.74	1.42
2321	ソフトフロン	JG	104	0	0.00%	NEWS	－	67.53	－
2335	キューブシス	東1	869	-1	-0.11%	NEWS	18.9	2.24	1.84
2349	エヌアイデイ	JQ	1,241	+1	+0.08%	NEWS	11.4	1.17	1.61
2352	エイジア	東1	1,225	-44	-3.47%	NEWS	17.6	3.56	1.63
2354	安川情報	東2	364	-4	-1.09%	NEWS	15.3	2.46	1.65
2389	オプトHD	東1	1,658	-74	-4.27%	NEWS	－	1.62	－
2413	エムスリー	東1	1,649	-18	-1.08%	NEWS	51.0	11.43	－
2468	フュトレック	東2	503	+2	+0.40%	NEWS	－	1.64	－
2483	翻訳センター	JQ	2,415	+18	+0.75%	NEWS	13.6	1.91	1.45

※現値ストップ高は「S」、現値ストップ安は「S」、特別買い気配は「ｹ」、特別売り気配は「ｹ」を表記。

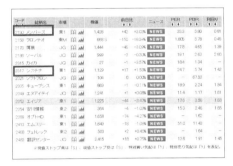

テーマの源流となるメガトレンドのイノベーターなら巨万の果実に育つ！

われわれが成長株を見つける際、時代のトレンドをイノベーターとして創造していきそうな会社を見つけることができたら、相当ラッキーです。ウォルマートのスーパー、ソニーのウォークマン、セブンイレブンのコンビニ、グーグルの検索、アップルのスマホ、アマゾンのＥＣなどの展開初期に株を買っていれば、１００万円が１億円、３億円という夢をみることができました。

イノベーター・カンパニーの素晴らしき株価情報

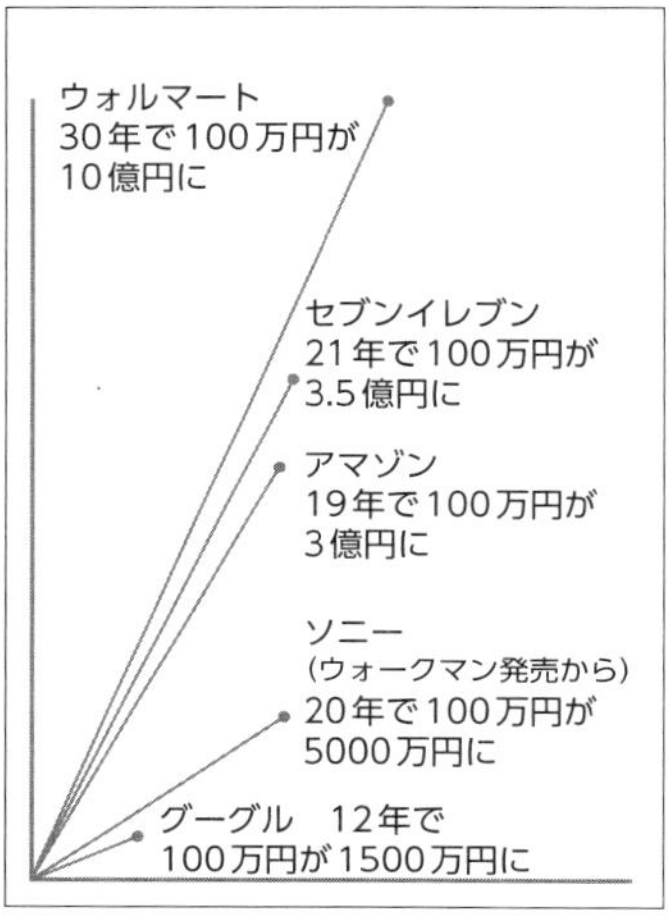

ウォルマート
30年で100万円が
10億円に
セブンイレブン
21年で100万円が
3.5億円に
アマゾン
19年で100万円が
3億円に
ソニー
（ウォークマン発売から）
20年で100万円が
5000万円に
グーグル　12年で
100万円が1500万円に

投資で未来を豊かに！

企業のイノベーションは社会を豊かにし、あなたを豊かにする。
まだ花の咲く前の「芽」に、あなたがお金という水と肥料を与えることは、社会を豊かにすることにつながるかもしれないこれらの企業を発掘するためには、**社会のメガトレンド**（以下、一例までに現在進行している第４次産業革命のキーワードマップを掲載）の理解が重要です。その理解が、**テンバガー（10倍株）や大化け株に育つのを待つための忍耐にもつながります。**

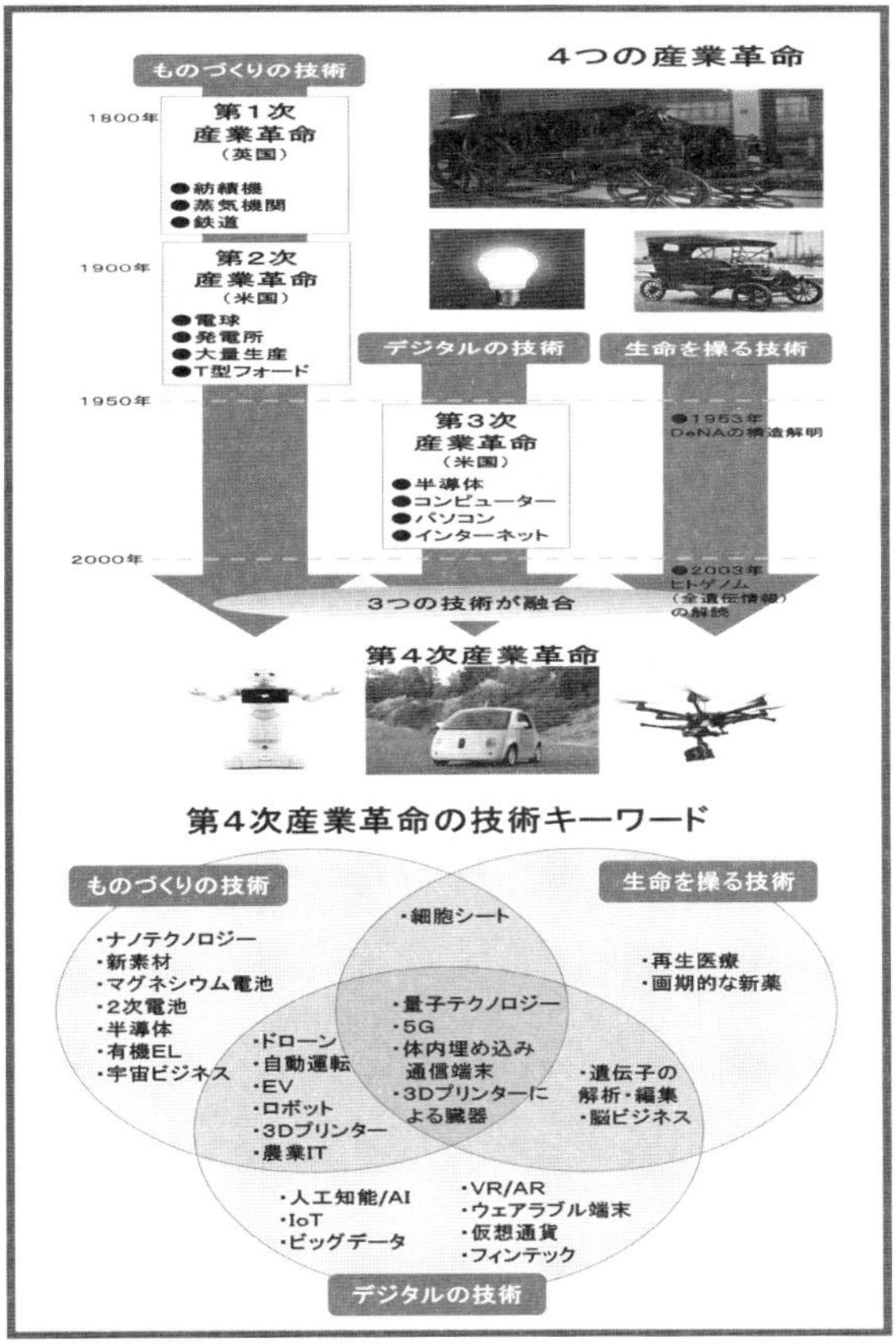

ただ、そのような大成功を収めるイノベーターを探すことは相当難易度の高いことでもあります。そこで、比較的やさしくできると思われることは時代のメガトレンドに乗って、時代の追い風を背景に業績を伸ばしていくトレンド・ライダー企業を探す方法です。

例えば、バブル崩壊の10年後に、「デフレ」という大きなメガトレンドの中で「安かろう、しかし品質はなかなか良かろう」を提供したユニクロを展開するファーストリテイリングやニトリを買っておけば資産10倍も叶えることができました。

他にも、「エネルギー貯蔵、急増する新興国の旅行ブームと日本のインバウンド成長、インド太平洋・TPP、ジワリと進む温暖化、ハイテク花形分野での日本勢の劣勢と地味な影の支え役としての日本企業、移動革命、日本食の世界への普及、メイドイン・ジャパンの斜陽の足音、シニア多数派社会・国の増加、新興国成長・成熟化ラッシュ、グローバル強企業の寡占化、全産業のサービス化、バーチャルとリアルのシンクロ、働き方や価値観の多様化加速、機械が支える人社会、バイオ全盛、余暇時間の急拡大、シェアエコノミー進展」など、時代の波を理解し、それに乗る企業を探してみて下さい。

これらはあくまでも私の時代感覚なのですが、次項からはそれを掘り下げていきたいと思います。

朝香目線の時代感覚が生まれる背景と大化け株実績

私は普段、生の景況感がわかる現地のショッピングモールや産業の最先端の国際見本市に足を運んでいます。年にもよりますが、近年は年の3～4分の1は海外で企業ウォッチャーをしていることが常になってきています。

特に昨年は、ある企業の北米、南米、欧州、アフリカ、アジア・オセアニアに至るまでの店舗を一気に見てみたくなり、世界一周航空券まで発券して見て回り、世界中の人々との一期一会や共に過ごした時間から、時代の肌感覚もブラッシュアップして参りました。

自分の感覚としては、街角の景況感を知る有名な「景気ウォッチャー調査」は速報性が高くて有益なものの、海外で過半の利益を稼ぐようになった日本企業の先行きと温度感を測るうえでは物足りないため、**自分の足による現地での調査と肌感覚を大事にしている**のです。

この章では、そんな私のこれから3～10年目線で期待の成長株について触れていきます。後ほど、選定した有望株の買い時の見極め方や割安度一覧も出て参りますが、ここでは企業の定性部分で私が感じていることをお話しします。

以下の私の大化け株実績は、過去の消費現場や産業の最前線である国際見本市に足を運んで

評価	倍率	アベノミクス相場　私の大化け株
◎◎◎	32倍	MonotaRO
◎◎	23倍	アドウェイズ
◎◎	22.5倍	ベクトル
◎◎	21.6倍	北の達人
◎◎	20倍	リログループ
◎◎	20倍	JACリクルートメント
◎	13.2倍	ペッパーフードサービス
◎	12.1倍	ソーバル
◎	12倍	シーティーエス
◎	11倍	アンドール
◎	10倍	ピジョン
◎	10倍	瑞光
◎	10倍	いちご
◎	10倍	ファンコミュニケーションズ
◎	10倍	ラクーン
◎	10倍	レオン自動機
○	8.2倍	イー・ガーディアン
○	8倍	串カツ田中
○	7.5倍	アドソル日進
○	7.2倍	シュッピン
○	6倍	ファーストリテイリング
○	5.6倍	エラン
○	5.5倍	テンポスバスターズ
○	5.4倍	アウトソーシング
○	5倍	村田製作所
○	5倍	インフォコム
○	5倍	アドベンチャー
○	5倍	くらコーポレーション
△	4.8倍	エイアイティー
△	4.2倍	イーレックス
△	4倍	システナ
△	4倍	江崎グリコ
△	3.8倍	エボラブルアジア…and more

時代のトレンドを感じた結果でもあると思っています。
私の感覚が少しでも成長株投資のヒントになれば幸いです。

2030年、メイドイン・ジャパンがハイブランドでなくなる時代へ

いまやアジアの訪日外国人にメイドイン・ジャパンは大人気で、その恩恵を受けた日用品大手の間では生産拠点を国内に戻す動きが相次いでいます。

訪日客は帰国後も日本製の商品を求める傾向が強く、同じ日本企業の製品でも、中国などで生産した製品よりも日本で生産した製品が人気という背景があります。さらに、中国に限らず、インドネシアやベトナムからも訪日客が2ケタのペースで増えており、中国同様に本国で日本製品の需要増が期待できます。この傾向はしばらく続くものとも思われます。

ただ、10年先を見据えると、中国製品の品質向上が日用品レベルでも散見されるようになってきたため、これから数年で最盛期は過ぎするように感じています。現在の米中の覇権争いは決して対岸の火事ではなく、**日本企業においても製造技術で中国の後塵を拝する警戒警報でもある**のです。すでにスマホや自動運転など中国のハイテク技術は米国と覇権争いを演じる水準に達し、アイフォーンの中国での減速も、単に米国製排除という一面よりも中国勢のスマホのクオリティが高くなったために起こっているものと見ております。

そして、今度はそのハイテクが一般の製造業の技術水準も底上げしているのです。例えば、

中国で人気のユニ・チャームや花王の子ども用紙おむつは、現地メーカーとの競争が激化しています。これは最大のウリである「日本製」の競争力の持続への黄信号でもあります。

花王は、2018年度の子ども用紙おむつ事業が9%の減収で、中国の規制強化で転売目的の購入が減ったうえ、現地メーカーが高価格帯でも存在感を高めたためとその要因を分析しました。現地製の品質も向上していることに、花王の澤田社長は「昔は50~60点だったのが今は90点を超える水準」と警戒されており、花王は最新技術を日本製品に最初に導入して中国に輸出する戦略から、今後は中国製品で先に新技術を導入することも検討するようです。

ユニ・チャームも2019年中に中国でデジタルイノベーションセンターを開設する計画で、中国生活者の価値観の変化や購買行動を迅速に捉え、商品開発に生かす方針です。

これからの日本の製造業は、ハイテク覇権国の名乗りをあげている中国とのレッドオーシャンの波に中国国内だけでなく、ASEANなど世界市場も舞台に巻き込まれるということだけは、アジアでのメイドイン・ジャパン人気の中でも長期投資家は忘れてはなりません。

こういうマクロ環境の中では、**日本ならではの日本食や華やかなハイテク製品を支える地味な部材やきめ細やかなサービス業などで競争優位のある日本企業こそが、息の長い成長軌道を描ける**と個人的には考えています。

海外消費で伸びしろの大きな企業① 拡大する日本発外食・フード産業

以前の著書で、『日本と言えば「トヨタ、ホンダ、Ｓｏｎｙ、家電」だったものが、今では「ユニクロ、ＭＵＪＩ、ダイソー、日本食」となっている現状を感じてもらいたい』と書いたことがありますが、今ではインバウンドのお陰もあり、その感覚はあまり海外に行かない方にも浸透しているような感じがします。

また、『「よし、アジアのユニクロや有望株の主要店舗を実際に見に行くか！」と結局ユニクロのアジア主要全店舗とその店員、さらには買い物客とまで直に話をして帰国した。こういった現場で足を使って汗をかいて得た情報や経験を投資に活かすのが私の真骨頂』とご紹介して、川下の日本企業にとって主戦場であるアジア市場を周ったのが２０１６年でした。

そして、そんな私は17年、18年には最新のアジアを含む全世界の売り場や見本市に足を運びました。その中でも、とりわけ未踏の大陸だった南米やアフリカ大陸まで世界一周航空券を発券し、足を運んだ企業の店舗視察からご紹介させて頂き、その後はサラっと成長期待の他企業について触れたいと思います（もっとも人件費の高い現在よりも次の不況時に狙うべき産業として海外向け外食・フード産業を取り上げます）。

26～29年、トリドールの時価総額1兆円を期待したい！

世界中の支店を見て回りたいと思った企業こそ、丸亀製麺を主軸に多種多様な外食店舗を傘下に持つトリドール（３３９７）でした。

もともと私は同社に対して、２０１６年に行った東南アジア最大２・６億人の経済圏であるインドネシアでの店舗の大行列を見た時から、これからの同社の将来が楽しみだと思っておりました。日本勢のハイテクにおける競争劣勢の中で、日本食はスタート地点から日本勢に優位性があるローテク分野であることも、大事なポイントでした。

そして、そのジャカルタの店舗よりも売上が大きく、世界最大という丸亀製麺がハワイにあるのを知り、ハワイ・ワイキキでの丸亀製麺の行列に圧倒されたのが２０１７年の夏。

それからは、以下の図表にある同社の２０２６年のビジョンと売上目標５０００億円が大風呂敷ではないかもしれないと感じ始め、実現の鍵は圧倒的な高い成長を見込む海外にあることは一目瞭然でした（ちなみに、世界にある主要ブランドの全グループ店舗で試食済み）。そもそも、同社のこれからの成長を担う新入社員の入社式を台湾や香港やハワイでやるという心意気も気に入っておりました。

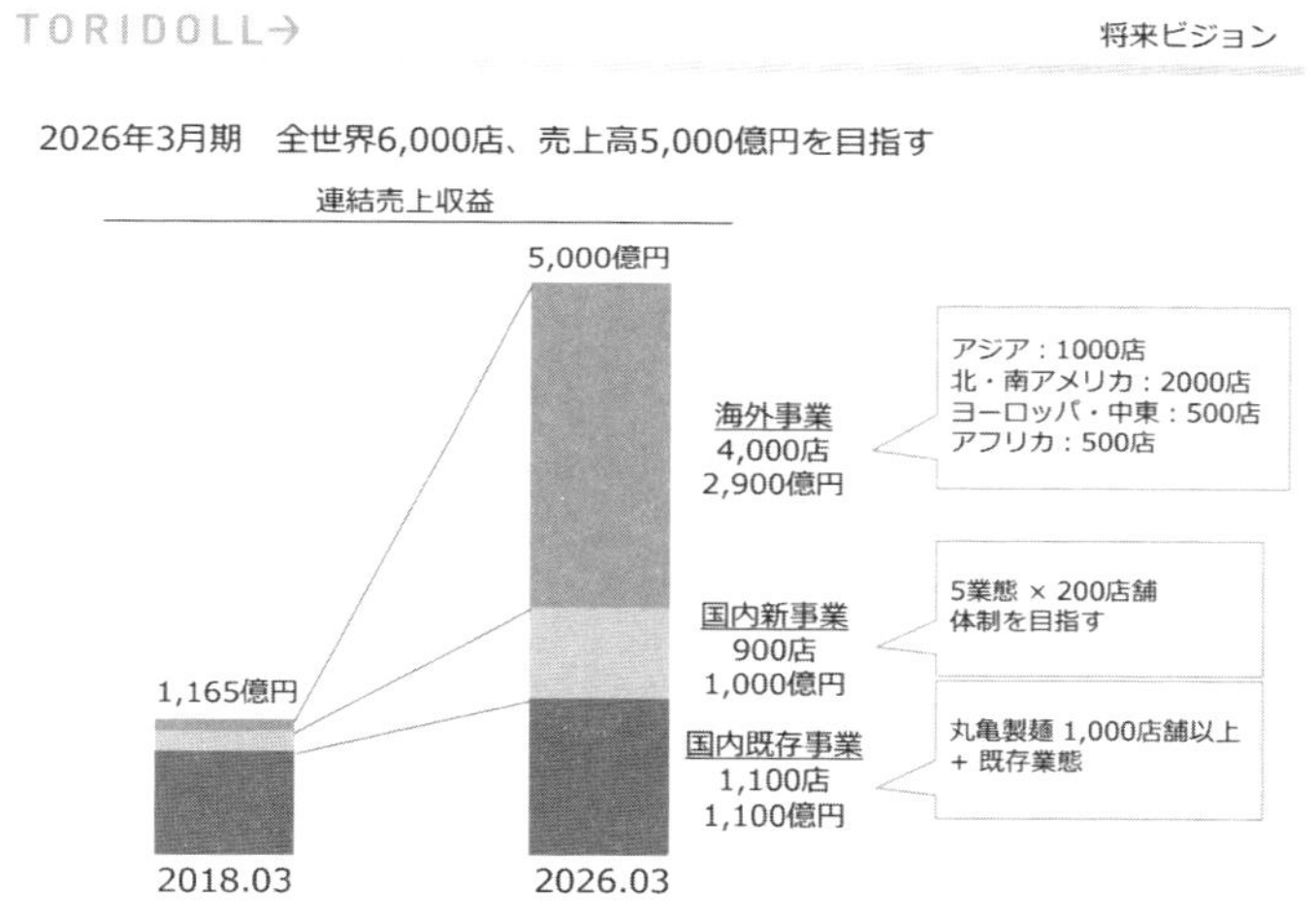

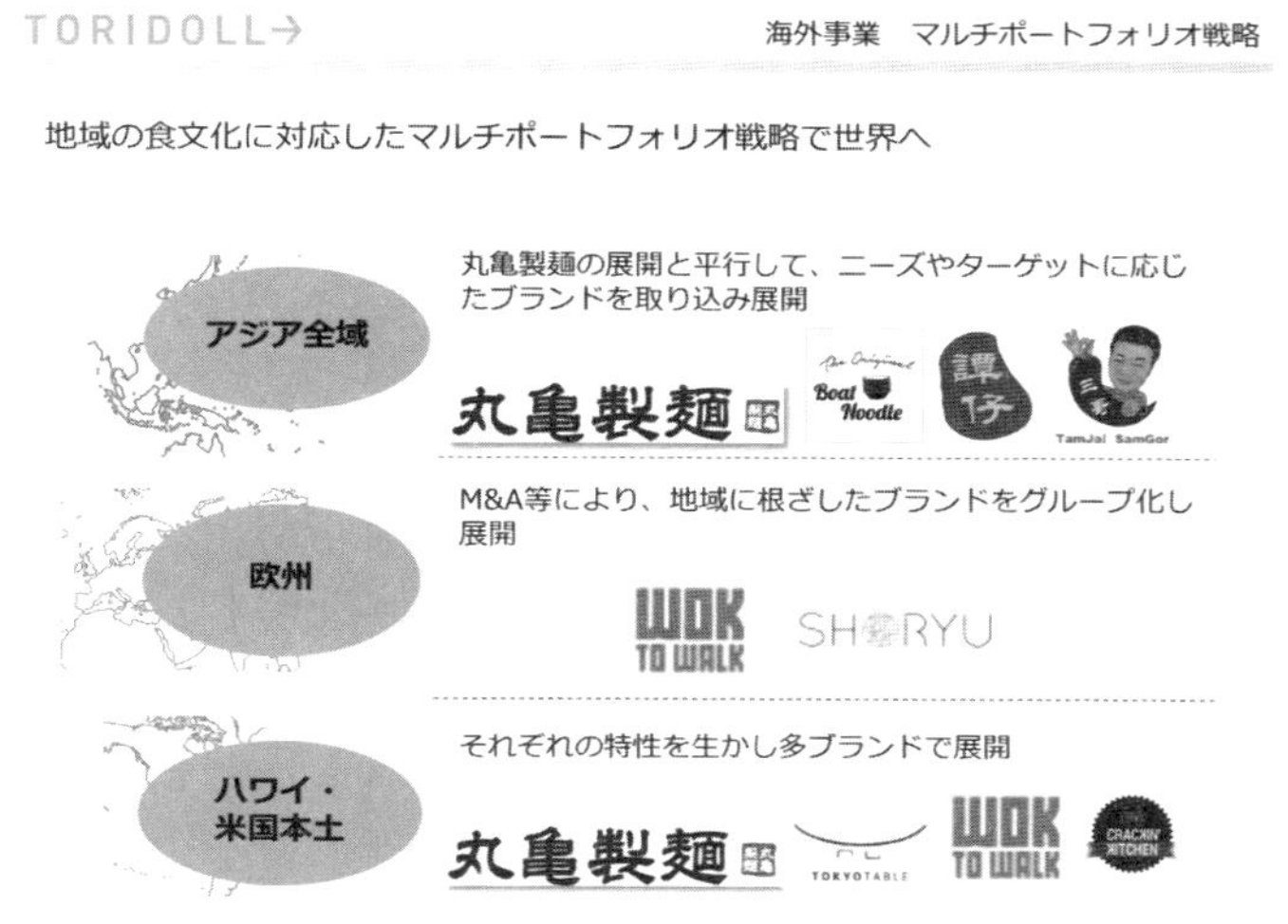

https://www.toridoll.com/ir/pdf/181116se.pdf

さらに、直後の2017年秋にはロサンゼルスに丸亀製麺が進出したのに合わせて、すぐに食べに行こうと、まずワイキキ店に寄ってからロスに飛びました。

ロスには入口にパーテーションが置いてあり、オープン間もないのにもかかわらず、連日盛況のようでした。そこでは元々ハワイの責任者だった方が、会社の命運を担う北米展開を任されておられ、お話しする機会もございました。

相変わらずイキイキとした熱気と明るさとホスピタリティのある応接を頂き、温かいお出迎えに感謝したのですが、ひとつクレームを出させて頂きました。

というのは、2017年夏に行ったワイキキ店のうどんはコシがあって美味しかったのですが、秋に再訪した際にはあまりにもお客さんがカウンターで手間取っていたので、それを見越して麺を硬めにリクエストしたにもかかわらず、柔らかい残念なものが出てきてしまったからです（ロサンゼルス店は完璧でした）。

その場でマネージャーにはワイキキ店の改善をお約束していただき、私もそれに期待しました。2016年にアジア中の丸亀製麺で食べた時に、バンコクだけどうも味がしっくりこないことをホーチミンの店舗でアジア統括の方にお伝えする機会があり、その後の改善につながった経験があったので、今回もオペレーションが改善されることを期待しました。

なお、ロスの丸亀製麺のすぐ近くにはくらコーポレーション（2695）の運営するUSくら寿司があり、こちらは夕方のオープンを待って行ったのですが、オープン前から整理券を取らないと入れない繁盛ぶりでした。

そして、2018年の春にトリドールが次々と海外の飲食店チェーンを買収して、その店舗網が世界一帯になったのを機に、私は一気に同社ブランドを食べる旅に出ることにしたのです。

その最初の訪問地に選んだのが、再びハワイ・ワイキキ。今度は大行列で散々待っても、ちゃんとした丸亀製麺のクオリティの高いうどんを食べることができました。

しかも、ワイキキはトリドール天国で、夜はシーフードのクラッキン・キッチンに行ったのですが、入店待ちの客で列ができる繁盛店でした。

なお、ハワイには実に有望な関連銘柄が多々あり、ピンクのホテルで有名なロイヤルハワイアンホテルのショッピングエリアにあるウルフギャング・ステーキハウスはWDI（3068）が経営しており、大人気です。さらには当時できたばかりのコリアンBBQハウスGENもWDIの経営するお店で、ここも盛況でした（WDIのニューヨークや日比谷で展開する添好運＝ミシュラン獲得の飲茶店の拡大も期待大です）。

ホノルルの有名なモールであるアラモアナセンター近くにある元気寿司（9828）も、この当時はすでに神明が筆頭株主になっていて、正直シャリはUSくら寿司よりも美味しかったことを覚えています。ただ、ロスの元気寿司の集客はまあまあという感じでした。

なお、2018年1月はホノルルのワイケレ・プレミアム・アウトレットにある元気寿司に初めて行きましたが、9割現地のお客さんで1時間待ちでした。ところが残念なことに、日本食の集まるワイキキ横丁にある串カツ田中（3547）の繁盛はまだ見たことがありません。

ハワイの後には今度はサンフランシスコの郊外にできた丸亀製麺に足を運びましたが、こちらも入店するのに30分待ち、味もGoodでした。ワイキキ、ロサンゼルス、サンフランシスコと北米の主要都市で今でも繁盛店として成功できており、アジアの繁盛と併せれば大きな夢が膨らみます。

さらには、ロンドンで展開するSHORYUというラーメン屋は、近くのできたばかりの力の源HD（3561）が展開する一風堂よりも盛況なことには少しびっくりしました（もっとも、一風堂も他の飲食店と比べて相対的にロンドンの店舗も盛況で、パリ店も行列に並びました）。

トリドールに話を戻すと、NYではアジア料理ファストフードを提供するWoktoWalkにもそれなりにお客さんが入っており、香港の雲南ヌードル2社の2種店舗とも盛況で、会社の収益に貢献していることが現地で実感できました。

加えて、マニラにも丸亀製麺ができていて、こちらも行列に並んで食べる状態で今後の多店舗展開も楽しみに感じています。

もちろん、トリドールグループの世界中を見て回ったので良い面ばかりではありません。前述のＷｏｋｔｏＷａｌｋでも、わざわざ初めて渡ったアフリカのモロッコや南米のコロンビアの店舗での集客はいまいちでしたし、これからの成長大国インド・デリーでも閑散としていました。クアラルンプールではうどんが不評で、丸亀製麺は潰れてしまいました。

それでも、マレーシアでは買収したＢｏａｔＮｏｏｄｌｅが大繁盛で、周辺国にも広がりを見せ、うどんで負けたリベンジを果たせています。

何より嬉しいニュースなのは、同社が２０１９年１月にインドで最大級の現地金融機関の投資ファンドに日本の外食企業として初めて１億ルピー（約１億５０００万円）の出資をしたことです。

私がデリーに行ったのちに、インドで同社は苦戦するだろうと感じていたので、今回の出資はインド13億人の胃袋と２０２１年には４兆９８００億ルピー（約７兆４７００億円）規模に達すると予測されるインド外食市場を同社が本気で狙っている証し・挑戦として拍手を送りたいところです。

香港もマレーシアも買収した先のヌードルメニューの味は、日本人シェフが決して作らないような現地味の会社をしっかり買収しており、クレバーな買収だと感じております。

にもかかわらず現状の同社の株価は、人件費や材料費増や国内苦戦により右肩下がりです。

さらには、株価が下がったにもかかわらず、バリュエーションが割高になるという負のスパイラルにも陥っています。これは例えば、10倍株になった多くの企業の株価がどんどん上がっていったにもかかわらず、業績によるバリュエーションの改善でむしろ割安になったのと正反対の現象です。そう考えると、確かに目先の株価の改善は厳しいのかもしれません。

しかしながら、市場が目先の数字だけにとらわれて時価総額がどんどん下がる状況と、自分目線で抱いた企業の成長性への確固たる自信とのギャップが大きければ大きいほど、チャンスも比例してビッグなものになります。

世界中の現場を見てきた「自分目線」から、私は2030年に同社がユニクロやMUJIのような日本を代表する銘柄になっていることを期待しております。19年1月時点で時価総額が1000億円を切っておりますし、収益圧迫で割安感も悪化しておりますが、時価総額1兆円の日本発のガリバー外食企業としてテンバガーを夢見ております。

なお、今回は視察時の写真を掲載しておりませんが、本書発売後にブログで、写真のわかるページか何かを他の外食企業店舗のものと併せて作成し、臨場感をお伝えできればと思います。

ＮＹの一風堂など、日本発外食の世界展開はますます加速

丸亀製麺を筆頭とするトリドール以外にも、魅力的な日本発の外食企業は多々ありますが、ＮＹの一風堂（ＩＰＰＵＤＯ）の繁盛は有名かもしれません。２０１７年に訪問した際の２時間待ちよりはやや緩和されてきたものの、まだまだすごい混雑です。

２０１８年の12月30日の営業最終日にタイムズスクエア近くにできた新店舗にも足を運んでみたのですが、もう１時間待ちの人にもラーメンが提供できないかもしれないという繁盛ぶりでした。

結局、ウエストサイドにあるＩＰＰＵＤＯになんとか無理をお願いしてその年最後の一風堂ラーメンを食して食べ納めとしました。ただ、ＮＹにも国内で競合する一蘭ラーメンがあり、台北のように集客に悪影響がでる恐れが生じていますが、北米ではサンフランシスコにも行列ができていますし、シドニーやシンガポールも大繁盛ですし、長期的な競争に勝利してほしいと願っております（シンガポールでは子供たちのラーメン教室にもお邪魔して、良い試みだなあと思いました）。

まだニュージーランドやミャンマーの店舗に行ったことがないので、不確かな点もあります

が、総じて同社の海外展開はうまくいっていると思います。

（インドネシアの友人は、もっとムスリムの人が食べられるメニューの充実がないと、もう足を運ばないと言っているなど、課題はありますが）

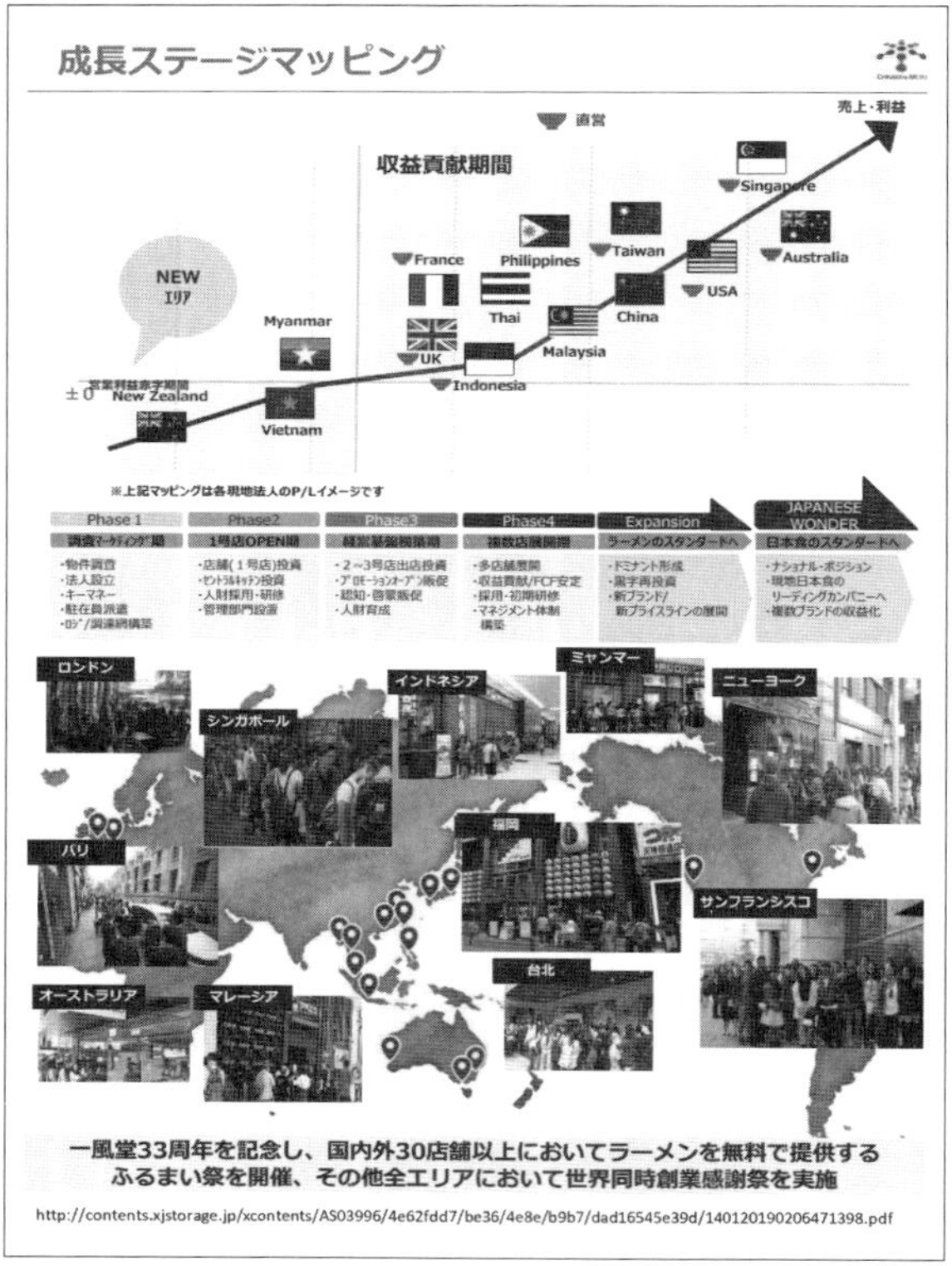

通常営業の際でも同じような行列は見受けられる！

さらば「いきなり！ステーキNY7店舗」・「串カツ田中の海外展開」

世界中の外食店舗で勝つためのキーワードは「人種のるつぼ」。ハワイ・ワイキキの丸亀製麺でも、NYの一風堂でも共通しているのは、白人も黒人も黄色人種もすべての人種のお客さんが美味しそうに食べているという点。ここに、海外大化けのキーがあると私は考えています。

一方の11店舗中7店舗の閉鎖が決まった「いきなり！ステーキ」では、繁盛店として残る店舗でもお客さんは基本的には白人男性だけでした。

そもそもステーキをファストフードに食べる文化が米文化にはありません。しかし、当初わたしはNYにも色んな人種の人やルーツの人々がいて、さくっと「いきなり！ステーキ」を食べたい人もいるだろうと考え、社長の路線はニッチ路線で案外ファンを掴むのではないかと期待しておりました。ところが、実際には一部の限られた人にしか受け入れられず、その上、5番街の近くやらタイムズスクエアの近くも含めて徒歩圏内にどんどん作ったために、集客のない店舗を生んでしまいました。まずこれが、失敗の始まりだったと私は思っています。

新聞等々には、失敗の原因としてニューヨーカーはランチを手早く済ませるなどの要因が書いてありましたが、事実は違うと感じました。

私は2018年の大みそかの夜ごはんをいきなり！ステーキNYのウエストサイドで食べたのですが、大晦日（ニューイヤーズイヴ）で大繁盛が多いレストランの中にあって、同店はわれわれを除き日本人の1組のお客さんだけでした。

そして、出てきたステーキが最悪で、レアの注文に対して、外見は丸焦げで、決して褒められるものではありませんでした。おそらく同社は日本でも爆速の大規模出店をし、大量の人材採用に追われ、もはや現場の監督・マネジメントが成り立っていなかったのでしょう。あんなに酷いステーキは生まれて初めて見たといっても大げさではありません。さらには、デザートの餅も品切れで良いところがなく、お客さんが来なくなるのは当たり前だと感じました。

実は今回のさらば10倍株には、全体相場が危うそうだから当面は10倍株を狙わないという意味での「さらば」と、既著から10倍株となった同社へのさらばを兼ねておりました。秋口以降、NY店のステーキの質の悪さを耳にしておりましたので、大晦日に自分の目と口で確かめに行ったというわけです。

また、一緒に行った女性陣からは「ニューヨークには店舗の雰囲気があわない」、「社長の写真が入口にでっかく出ていて、ダサいし何かの宗教みたい」などと酷評を受けました。実はアジアや欧州では20代30代の女性を伴って店舗をチェックする機会も多いのですが、NYでは過去男性だけで行ったことと一瀬社長に対しては豪快な好印象しかなく、女性陣たちが感じたようなことは全く感じなかったのです。今後の反省としたいと思います。

なお、この記事は当初は「いきなり！ステーキNY店」が酷すぎて、全米展開どころか、真っ赤な赤字で持たなそうで、このまま拡大を続けるなら「さらば10倍株と書いていた」のですが、先に店舗閉鎖が決まったので、事の成り行きをもう少し見守りたいと思います（適正に焼いてあれば日本より美味しいと思った経験もありますが、無理な速度での経営懸念から一旦はリストから外しております）。

さらに、同じように日本人とその同伴ばかりで全く客層の拡がりを見せていないのが、串カツ田中のシンガポール店。こちらも海外展開の急拡大への第1歩と期待していただけに、日本国内の出店余地の伸びしろを埋めたら成熟企業になりそうで、バリュー要素が今後は強まりそうです。それでも、店舗の全面禁煙をいち早く打ち出し、子供たちを大事にしておられる姿勢は、ファンとしても末永く同社の持続的成長を見守りたいと感じております。

この他に、相変わらず日本で行列の絶えない「焼肉キング」等を運営する**物語コーポレーション**（3097）の中国での蟹や焼肉の新展開と海外加速のための新会社設立や、インドネシアなどのアジアでの焼肉繁盛を陰ながら支える無煙ロースターの**SHINPO**（5903）、さらには日本食の輸送支援を始めた**内外トランスライン**（9384）や日本の食品全般といった周辺銘柄にも継続して目を配っていきたいと思います。

海外消費で伸びしろの大きな企業② その他

いよいよファーストリテイリング（9983）の展開するユニクロが、海外出店数が171店まで増えたのに対して、国内純増が0となり、海外注力モードに一層なりました。

同社はライフウェアをコンセプトにしており、H&MやZARAなどのファッションブランドとは一線を画した差別化ができていると考えています。

実は、私は世界一周の旅に1カ月ちょっと出た時に、国内線の機内に持ち込める小さなスーツケースだけで旅に出ました。というのも、服に困ったら旅先で靴下を変えるように「ユニクロ」に行って不足する服を調達すればいいという考えだったからです。これは本当に便利な世の中（海外）になったものだとつくづくユニクロのありがたみを個人的に感じたものでした。

少し話は戻りますが、国内新規出店ゼロとまではいかなくても、その計画と発想をトリドールや一風堂も取り入れてほしいものです。

苦戦する国内は努力や改善や工夫をしてもダメなら敢えて出店しないで物価がしっかり上昇する海外での出店に力を入れてほしいと思っています。年末にNYで食べた一風堂では、らーめん・おつまみ・ビール1杯3人分で1万2000円くらいのお会計でしたし、丸亀製麺にしても日本国内の平均客単価は570円で、これは中国の623円、台湾の670円、ロシアの809円、韓国の910円、米国の1141円に及ばないばかりか、タイの454円やカンボジアの446円に近いのが日本デフレ経済の実態なのです。

あのユニクロや**良品計画**（**7453**）ですら、一時期努力した値上げを諦めざるを得ないような経済圏に注力するより、普通の資本主義の適度なインフレのある社会で経済活動を営むほうが私は良いと思います。

良品計画が展開するインドのMUJIでは、日本国内の倍の値付けでも売れていたのは記憶に新しいところです。

同社は、2019年2月末の店舗数は国内の422に対し、中国や台湾、韓国といった東アジア事業が364店まで増える見通しで、衣料品や食品、雑貨の販売が好調で、同事業は今期の営業利益が22％増の206億円と連結の4割に達し、「アジア内需」を着実に取り込み、持続成長に挑んでいるのです。

最近、ファミリーマートでの製品取り扱いがなくなった悪影響なども出そうですが、海外と新挑戦のホテル事業などで今後も成長軌道を継続してもらいたいものです。

話がそれますが、そういえばインドではこんな経験をしました。デリーの地下鉄で写真を撮ってはいけないところでうっかり写真を撮ってしまったらスマホの写真を全部消せと警備員が言うのです。さすがにハワイ、北米、南米、欧州、アフリカと撮ってきた写真を全部消すことは受け入れがたく、日本語でひとこと「まいったなあ」と言ったのです。

するとどうでしょう、「なんだ、あなたは日本人か。君たちのお陰でデリーの快適な地下鉄は走っているんだ。ありがとう」と握手を求められ、写真も消されずに済んだのです。

どうやら私が近くにいた中国人と少し中国語でしゃべっていたために、私を中国人だと思ってそのように締め付けてきたようでした。ちなみに、このインドの高速鉄道に携わっているコンサル会社のオリエンタルコンサルタンツHD（2498）は、インドネシアやフィリピンなど海外に注力をし、非ODAでも稼げるような経営目標を掲げていて注目しています。

日本とインドは相いれないような感性の部分は多々ありますが、アライバルビザを現地デリーやムンバイの空港で申請できる唯一の国として日本人を受け入れており、日本政府の外交努力にも感謝を感じました。

政府と言えば、私は個人的には安倍総理や麻生副総裁のアベノミクスも日銀の異次元緩和も日本経済のデフレ脱却に向けてよく頑張って頂いたと思っております。しかし、民間企業はキャッシュを吐き出さず、インフレスパイラルは起きなかった。これで外貨を稼がないドメスティックな企業が次の10年で中国だけでなく、経済力が格下の東南アジアなどの国からも買いたたかれるようになる比率も高まるでしょうし、東京や他都市の夜の街でもアジア男性と日本人女性のカップル？　をもっと見るような未来になるのかもしれません。少なくとも、自分の子供だけでもハイクオリティな個別指導のＴＯＭＡＳを運営するリソー教育（４７１４）で勉強させ、国際競争に打ち勝つ大人にしようというニーズも、富裕層を中心に増えるような気がします。

もちろん、この流れを否定するつもりもありませんが、私は強い日本、豊かな日本人であり続けたいので、繁栄と成長と社会貢献の志を高く持った企業と共に成長フィールドに身を置きたいと思っております。ファーストリテイリングの柳井正会長兼社長の「日本初のグローバル企業になる」との宣言やトリドールの海外事業の大成長ビジョンを応援したいと考えるのも至極当然です。

そういえば私の大好きなピジョン（７９５６）は、中国経済の減速懸念の中でも、哺乳瓶など育児用品の販売を伸ばしており、まだまだ内陸部などでも成長余地があります。近年はインドネシアでの売上を伸ばしていて、ベビークリームは肌に優しいと知人の女子大生も使っているなど、ブランドの浸透が明らかに現地で感じられてきました。東アジア最大の人口を誇る中国と、ＡＳＥＡＮ最大人口のインドネシアでの成長余力はまだまだ十分でしょう。

親日圏「インドネシア・ベトナム・フィリピン」の成長をB2Bで活かす

シンガポールのベンチャーキャピタルであるインシグニア・ベンチャーズ・パートナーズのインラン・タンCEOによれば、ASEANの国別将来性を「キングはインドネシア、クイーンはベトナム、ジャックはフィリピン」としており、参考になります。いずれの国も親日的な人が多く、日系企業は経済活動を比較的やりやすく、経済成長の勢いがありますから、これから生活水準が向上してくるのは明らかです。

そうなると、人々は快適さや豊かさを求めますので、エアコン世界首位級の**ダイキン工業**（**6367**）はますます引き合いが広がり、シンガポールとマレーシアに拠点を作った**ビューティーガレージ**（**3180**）の業務用理美容商材もビジネスとして動き出すかもしれません。美と言えば、日本に遊びに来た訪日客が銀座の美容院などを利用する際のカラーリング剤を提供している**ミルボン**（**4919**）なども追い風となります。

レンタルオフィスを展開する**ソーシャルワイヤー**（**3929**）、日本初のプラットフォーム広告をインドネシアでも展開しようとする**ログリー**（**6579**）、2019年にベトナムで合弁の工場が稼働する**中央自動車工業**（**8117**）、ベトナムでのオフショア開発が3倍になるシステナ（２３１７）などにもチャンスが広がります。

人の動きも出ますから、海外赴任支援のリログループ（８８７６）、インバウンドマーケティング支援のオロ（３９８３）やメンバーズ（２１３０）、人材派遣・紹介・業務委託での外国人人材の確保などで平山（７７８１）、トラスト・テック（２１５４）などにも注目です。

世界的に何十年ぶりの低失業率の環境から逆回転が始まると、人材系の関連銘柄は一気に急落していきそうですが、そういう時こそアウトソーシング（２４２７）やＪＡＣリクルートメント（２１２４）などの海外に強い人材系銘柄の拾い時にもなりそうです。

ハイテクを支える縁の下の力持ち

車の自動化や電装化、ＩｏＴ社会といったハイテクを支える縁の下の力持ちともいうべき優良株への投資は今後ますます有望になるでしょう。

ただし、景気敏感株という一面があるので、底値で買いたいという気持ちの強い方は第２章で取り上げたような指標の最悪水準まで待ってもよいと思いますが、資金に余裕のある方は買い下がってもよいと思います。

このような時代の到来を支えるのが、まず産業界の米ともいうべき半導体産業で２０２２年の世界市場規模は60兆円ともいわれています。

半導体シリコンウエハーで長期契約と値上げで価格支配力を持った信越化学工業（4063）、半導体向けブランクスに強くＥＵＶＬに対応した製品を生産しているHOYA（7741）、半導体製造装置や工作機械の駆動部品に使う空圧機器の世界最大手のSMC（6273）、欠品検査装置で参入障壁の高い技術を持つレーザーテック（6920）に注目しています。

車載の電装化で業績を伸ばす村田製作所（6981）は、私が国際見本市の企画トップを務めていた際に、ほぼすべての競合電子部品のマーケターが動向を最初に気にするリーディングカンパニーで、この会社が凋落する時は日本が沈むときだと思ってもいいかもしれません。

電動化の進む車載向けやIoT・省エネが進む家電向けにモーターでその競争力を誰もが認める**日本電産**（６５９４）やFA・オートメーションの国際見本市で最も企業ブースでの営業力が高いと個人的に感じているFAセンサーの**キーエンス**（６８６１）も外せません。

他にも営業利益率の高いことで知られる車載向けのセラミック部品を手がける**MARUWA**（５３４４）や車載・FA向けの電子部品を手がける**イリソ電子工業**（６９０８）、産業用センサーの**オプテックスグループ**（６９１４）、コイル用自動巻線機最大手の**日特エンジニアリング**（６１４５）、光電子倍管で世界シェア90％の**浜松ホトニクス**（６９６５）などが競争力のある部材メーカーとして押さえておきたい企業です。

あとは、ねじ締めの品質保証をセンサーで可能にした**エスティック**（６１６１）や切削工具中堅の**日進工具**（６１５７）などはまさに地味な存在ながら、大きな産業の支え役として存在感を発揮しています。

5Gで一層の多様化と利用が進むデジタル領域

5Gでデジタルコンテンツの多様化やリッチ化が進めば、UUUM（3990）のようなユーチューバーの制作サポート事業やデジタルプロフェッショナル派遣のクリーク・アンド・リバー社（4763）の事業拡大の可能性がより広範囲に拡がり、インフォコム（4348）の電子コミックなどの利用もますます進むものとみられます。そんな環境の中で、SNS投稿監視などの事業を行うイー・ガーディアン（6050）、産業向け情報インフラ構築のテクマトリックス（3762）、情報セキュリティのラック（3857）も重要です。

あとは、より目の疲れる映像で、眼科用医薬品首位の参天製薬（4536）や一般用医薬品目薬世界首位のロート製薬（4527）にお世話になる方も多くなるのではないでしょうか。

●その他

今後景気が低迷気味になれば、建機や農機具中古も取り扱うマーケットエンタープライズ（3135）や中小製造業などへ電力料金削減提案のグリムス（3150）、仕事の手が離せずに入院の際には時間コスト削減で入院セットを提供するエラン（6099）の需要も伸びてほしいと思います。

探し方③　上方修正企業の決算から成長の芽が大輪の花になるものを探す

上方修正を連発するような好調企業も狙い目で、日々の決算発表を逃さないようにしましょう！　以前取り上げたファンコミュニケーションズの事例を掲載しておきます。

上方修正を連発で急騰した、
2461ファンコミュニケーションズ

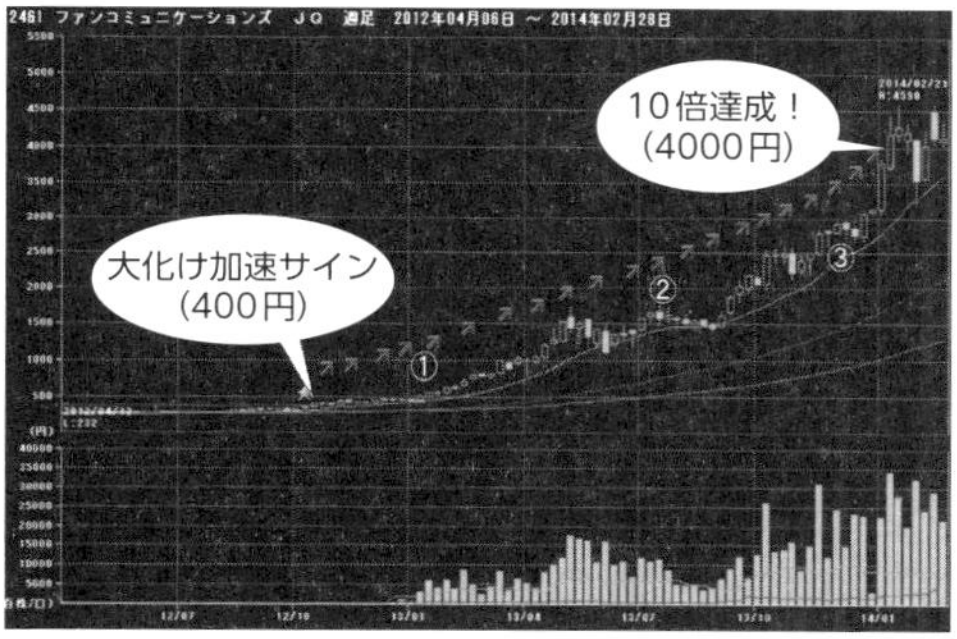

＜上方修正の履歴＞

①2013年1月15日
　12年12月期の売上高を13.3%、
　営業利益24.7% up

②2013年7月16日
　13年12月期の売上高を17.9%、
　営業利益28.2% up

①2013年12月16日
　13年12月期の売上高を11.8%、
　営業利益20.2% up

⇩

伸びしろの大きな成長力と
業績の予想以上の勢いで株価は急騰する

20%の上方修正は
株価倍増を生み出すことも！

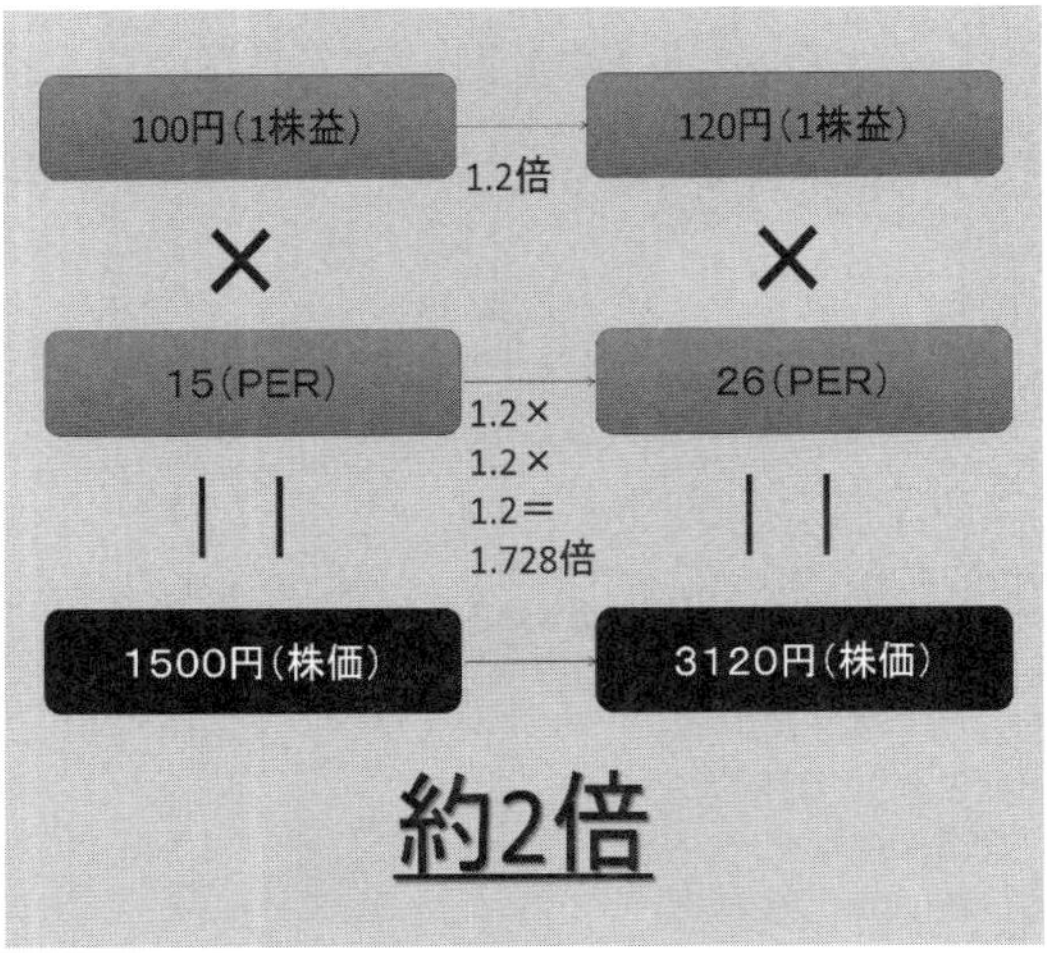

このように、1株益が20%情報修正され、かつPERの期待値が上がることで株価2倍となることも。

サプライズ情報修正の威力はスゴイ！

他にも第3章でご紹介した出来高や株価上昇率のランキングから探してもいいでしょうし、おまけで載せた10倍株のチェックポイント16などをスクリーニングの条件に入れて探してもいいと思います。

続いて、抽出した銘柄から本命の成長株を査定するステップに進みましょう。

企業の3~10年先の成長性を自分目線で信じて応援したいか?

自分目線とは、「自分自身の生活、仕事、人生、社会観を通じてこれから成長していく会社を見つけるためのフィルター」のようなものと考えてください。そして、この自分目線で3~10年先の成長性を信じられて応援したい投資先を選ぶことで、おのずと「自分の理解あるいは共感できる事業」の企業に投資することにつながります。

これは投資を成功させる重要な習慣で、市場の暴落で株価が3割安、ついには「半値」以下になった時でも、世の中の大勢の過ちを「ありがたや、ありがたや」と言いながら魅力的な株を買い増す原動力となります。

さらには、なんとなく買う時に比べて、リスク(不確実性)を抑えることにもつながるのです。自分の子供が通う幼稚園や学校の見学に行かない親御さんはいないように、自分の子供ともいえるお金を嫁がせる会社のこともよくよく調べてほしいとお願いしたいところです。

その際、将来その企業がどの程度のキャッシュフローを生み出すか、さらにはその好循環を維持するだけの競争優位性をその企業が持っているかに注目してください。

要するに、社会からの「ありがとうであるお金」を生み出して、増やし続けられるかを見極める、持続成長を実現できる「参入障壁や競争優位がある」企業を選んでほしいのです。そういった会社に投資をして共に未来を創るあなたは、もうそれだけで十分社会貢献をしていると思っていいと思います。

自分でイメージした「自分目線の未来に貢献する企業」を投資先に選ぶことで、多少の凸凹はあってもその企業の売上・利益が拡大すればするほど、その業績と連動し株価は上昇して素晴らしいものとなります。この果実を手にしていただくためにも、成長の「伸びしろ」と「強い収益力」をしっかりと見つけることが大切です。

その見極めには、「売上げの拡大余地」と「強い儲けのしくみ＝ＲＯＡ」を考える必要があります。

投資の際には、この2点に「経営者の経営姿勢」を加味した3点で分析を行ってください。これが、投資家のあなたがその会社に支払う価格に対して価値のある良質な会社のオーナー権を手に入れる重要な要素にもなるのです。

ですから、少なくとも新車や新居や新しいＰＣ・スマホや時計を買う時以上に買う企業のことを調べてください。

では、自分目線による銘柄選択を前提に、次の成長株査定の判定に移りましょう。

長期投資のための経営・財務分析のポイント

〈ROAツリー〉

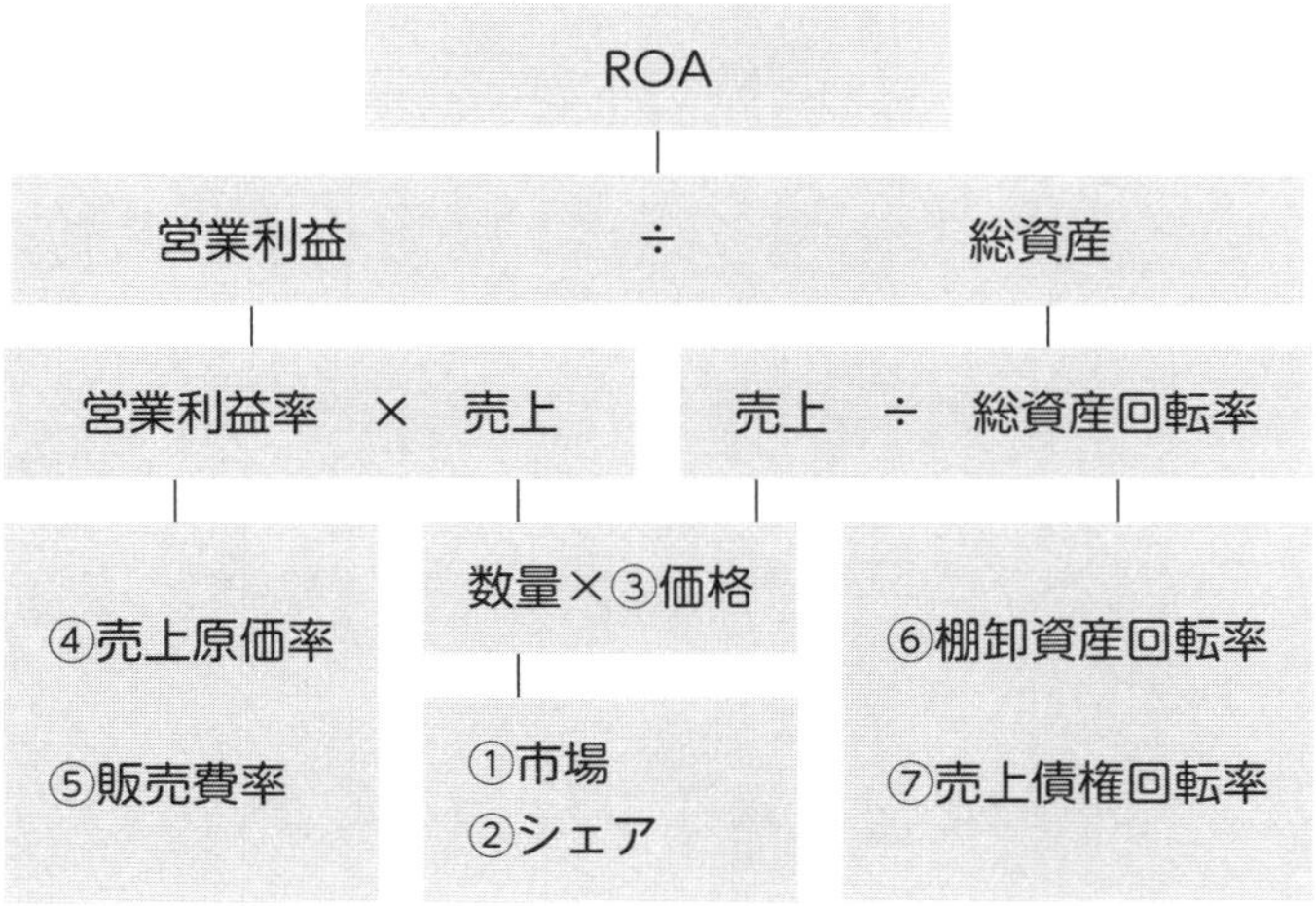

- □ 現在、国内市場が拡大しているか（①）
- □ 今後、国内市場が伸びそうか（①）
- □ 海外市場で拡大できるか（①）
- □ 競合のシェアを奪うことができるか（①、②）
- □ 同じ製品・サービスの購買頻度を上げられそうか（②、⑥）
- □ 顧客に別の製品・サービスが売れそうか（①、②、⑥）
- □ 大規模あるいは高シェアのプライス・リーダー（②、③、⑦）
- □ コスト優位性（②、③、④、⑤）
- □ 真似しにくい技術・ノウハウ・高付加価値（②、③、④、⑤、⑦）
- □ 代替困難による顧客の囲い込み（②、③、⑦）
- □ ダントツの業務効率性（④、⑤）
- □ 他社が真似たくない非合理の理（①、②、③、④、⑤、⑥、⑦）

探した成長株を査定する判定法

①右肩上がりの成長軌道を数字で確認する

業績が数年単位で成長基調、業績予想も伸びているか、財務をチェックしてください。

その際には急成長企業は売上を重視し、その次のステージとして、市場シェアを獲得して売上の急速な伸びがそれなりの高い軌道に変わった企業は利益を上げているかを重視し、業界最大手や大企業に成長した企業は高い利益率を獲得して持続可能な数パーセントの伸びで売上を獲得できているかなど、企業の成長に応じた業績評価がおすすめです。

さらに、該当企業が同業他社の平均を大きく上回る売上と利益の伸びを何年も維持していれば、それは競争優位の裏付けとも言えるでしょう。

また、大化け性として、時価総額300億円以下で小さい、上場して10年以内、社員の平均年齢が比較的若い、浮動株比率が20％以下・少数特定保有比率が50％以上など10倍株の条件で書いたことがありますが、少なくとも主要株主に経営陣の名前のあるかは重要視して下さい。

理由は、成長エンジンが優れているケースが多いからで、特にカリスマ経営者が率いる企業の過去15年の株価は日経平均採用銘柄平均の12・5倍の差があるようで（QUICKファクトセット調べ）、彼らの10年、20年先を見る長期戦略と決断力ある経営が魅力的です。

②株価の割安度で株価が割高でないかを確認する

これはPER、PBR、PSR、PEGレシオなどがあると思いますが、前述した成長期待の有望株の最新割安度を私のオリジナル指標で一覧にして収録しました。

●朝香の総合割安度　｛（予想PSR＋成長割安性（×5）＋財務割安性）÷7｝の数値。1倍以下は激安、2・5倍以下は中立、5倍以下は割高でない、10程度以下は超割高ではない。この開発した指標のお陰で10倍や大化けを待てるのも事実です。

●朝香PER　こちらの総合割安度に10を掛けるとPERの感覚で利用することが可能です。ただし、その場合は成長性の高い企業は50倍くらいまでは許容範囲だと考えてください（総合割安度であれば5倍以下）

・予想PSR　時価総額÷予想売上で2・5倍以下であれば割高ではないと判断

・成長割安性　VGSレシオという独自指標から導き出しています。これは、ValueGr

ｏｗｔｈＳｔｏｃｋ（割安成長株）の略で、戦後のソニー、ホンダ、任天堂、バブル後のニトリ、ヤマダ電機、ユニ・チャーム、参天製薬、日本電産、キーエンス、ファーストリテイリング、ＭｏｎｏｔａＲＯ、瑞光などの成長性を検証し、開発した朝香独自の指標。１倍以下は激安、２・５倍以下は中立、５倍以下は割高でない。（計算方法は非公開）

・財務割安性　貸借対照表の各財務、営業利益と営業キャッシュフローを加味して財産価値と事業価値から割安性を判断。１倍以下は激安、２・５倍以下は中立、５倍以下は割高でない（計算方法は非公開）。なお、簡単に財務だけの割安性を判断するのに、ＥＶ／ＥＢＩＤＡ倍率というものを使ってもいいでしょう。証券会社サイトで簡単にわかりますし、実際のＭ＆Ａの際には最初にこの数値の絶対値と業界他社の競合値を見比べますので、ご参考まで。

成長期待株の割安度一覧リスト（１９１～１９２ページ）

（すべてこれまで言及した銘柄です）

なお、第3章のスクリーニングで抽出した2倍株狙いの銘柄候補も、併せて下段に参照までに掲載しました（本が発売されてから最新のものを巻末の特典でリリース予定）

朝香目線で3～10年先の成長期待株・割安度ランキング

コード	銘柄	総合割安度	予想PSR	成長割安度	財務割安度
2498	オリエンタルコンサルタンツHD	0.58	0.21	0.32	2.26
3135	マーケットエンタープライズ	0.60	0.47	0.17	2.86
9384	内外トランスライン	0.60	0.64	0.50	1.04
3097	物語コーポレーション	0.65	0.90	0.28	2.21
7781	平山	0.70	0.24	0.41	2.65
2154	トラスト・テック	0.74	0.94	0.37	2.38
9828	元気寿司	0.79	0.53	0.52	2.41
4348	インフォコム	0.85	2.19	0.36	1.99
3857	ラック	1.04	0.93	0.82	2.22
3068	WDI	1.09	0.38	1.10	1.70
5903	シンポ	1.20	1.22	1.23	1.05
2695	くらコーポレーション	1.23	0.82	1.20	1.83
3180	ビューティガレージ	1.24	0.70	1.15	2.20
4763	クリーク・アンド・リバー	1.26	0.89	1.15	2.20
2427	アウトソーシング	1.27	0.46	0.20	7.45
7453	良品計画	1.27	1.84	0.95	2.26
3150	グリムス	1.35	1.86	1.04	2.41
3547	串カツ田中	1.51	2.18	0.82	4.32
5344	MARUWA	1.55	1.92	1.59	1.00
8117	中央自動車工業	1.61	1.60	1.74	0.94
2130	メンバーズ	1.61	2.08	1.26	2.90
3561	力の源ホールディングス	1.62	0.65	0.51	8.11
6367	ダイキン工業	1.72	1.41	1.70	2.12
4063	信越化学工業	1.77	2.58	1.72	1.18
9983	ファーストリテイリング	1.79	2.25	1.50	2.81
6099	エラン	1.86	1.92	1.22	4.99
6981	村田製作所	1.88	2.40	1.76	1.94
6145	日特エンジニアリング	1.97	1.53	2.13	1.61
6161	エスティック	2.02	3.56	1.62	2.46
7741	HOYA	2.04	4.52	1.53	2.08
6273	SMC	2.05	4.47	1.58	1.47

※次ページにつづく

朝香目線で3〜10年先の成長期待株・割安度ランキング

コード	銘柄	総合割安度	予想PSR	成長割安度	財務割安度
6908	イリソ電子工業	2.05	2.74	1.99	1.62
6579	ログリー	2.17	3.89	1.48	3.86
6914	オプテックスグループ	2.32	1.94	2.46	2.04
8876	リログループ	2.33	1.79	1.48	7.07
7956	ピジョン	2.40	5.27	1.53	3.88
4919	ミルボン	2.43	4.60	1.82	3.35
3929	ソーシャルワイヤー	2.45	2.17	2.46	2.70
2317	システナ	2.47	2.20	2.41	3.02
4714	リソー教育	2.52	3.03	2.06	4.30
6050	イー・ガーディアン	2.52	3.16	2.38	2.63
6157	日進工具	2.57	2.95	2.75	1.33
4536	参天製薬	2.85	2.62	3.03	2.19
2124	JACリクルートメント	2.95	3.78	2.92	2.30
6861	キーエンス	3.27	12.16	1.52	3.13
4527	ロート製薬	3.37	1.90	3.87	2.36
6594	日本電産	3.41	2.71	3.33	4.55
3397	トリドールHD	3.47	0.63	1.64	15.45
6965	浜松ホトニクス	3.50	4.43	3.50	2.61
3762	テクマトリックス	3.91	1.67	4.62	2.59
6920	レーザーテック	4.38	7.21	3.82	4.37
3990	UUUM	4.70	5.86	0.95	22.28
3983	オロ	4.95	7.49	4.72	3.55

※前ページからのつづき

※参照「第3章の2倍株スクリーニングでピックアップした銘柄の割安度」

コード	短期2倍株候補	総合割安度	予想PSR	成長割安度	財務割安度
6569	日総工産	0.73	0.57	0.34	2.88
6894	パルステック工業	1.29	1.47	1.29	1.07
2130	メンバーズ	1.61	2.08	1.26	2.90
6920	レーザーテック	4.38	7.21	3.82	4.37
9467	アルファポリス	4.32	4.44	4.68	2.37

③最後は「株価位置をチャートで確認」して投資する

該当する銘柄チャート（わたしは週足から確認します）で、株価が移動平均線より上、一目均衡表の雲の上の株価は強く、さらに上がるという判断を普段しております。

また、第3章の2倍株のところで学習したように、上場する市場平均よりも株価位置が強いとなお良いです。

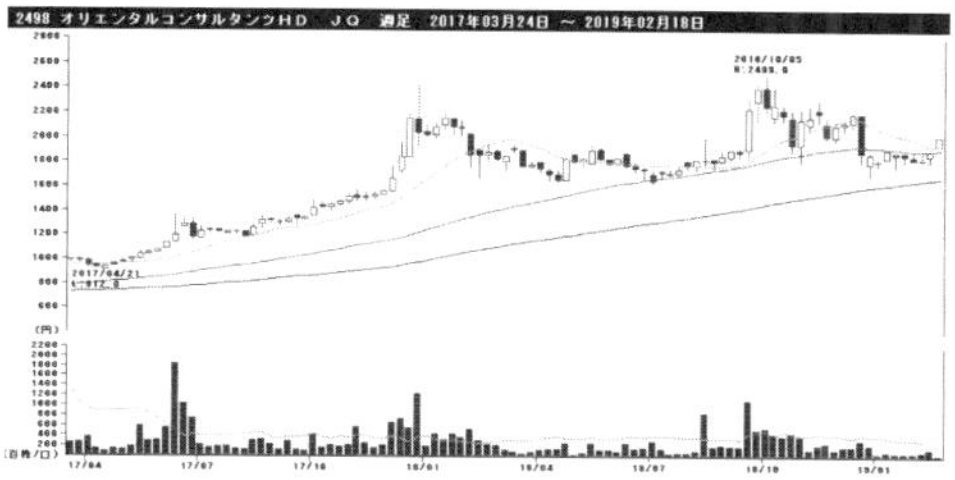

例：相対的に強い株価

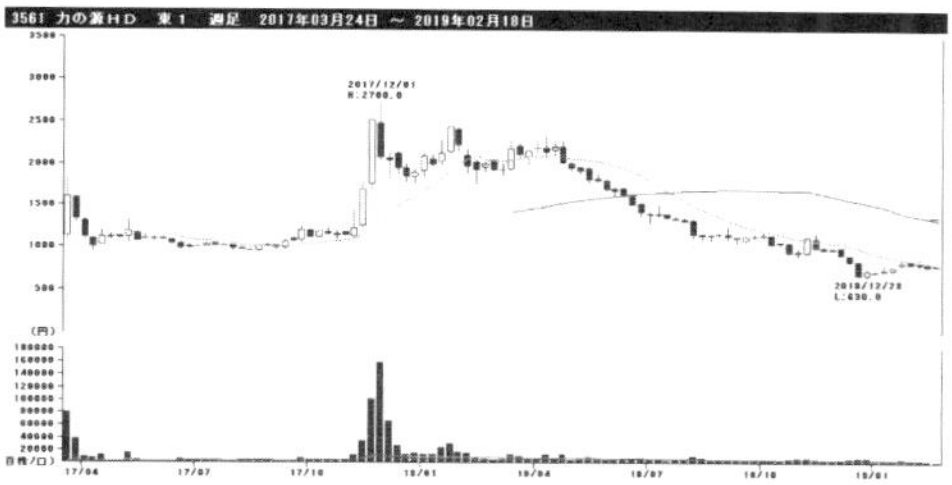

例：相対的に弱い株価

自分目線での会社の将来性への確固たる確信がない場合は、株価の弱い銘柄に手を出さない方がよい

適度な分散投資のやり方と全体ポジション調整

【銘柄の分散】最低でも2銘柄、できれば5銘柄に分散しよう

ここまでは、買いと売りのタイミングをみてきました。これは、いくつかのタイミングに分けることで【時期の分散】につながっています。しかし、分散は時期の分散だけでは足りません。

次の図解にある通り、10銘柄くらいまでは個別銘柄のリスク分散の効果があり、銘柄を分散する有効性が確認されています。一攫千金のギャンブル株取引なら分散する必要もありませんが、着実な株式投資の運用であれば、少なくとも最低2銘柄は分散をしてほしいと思います。

最初の投資に成功し、資金が増え続けたなら、「集中投資＋超分散投資のハイブリッド投資」も可能なので、投資の軍資金1億円以上を目指してほしいと思います。

なお、第2章の全体ポジションルールがあって、その中でのポジションで個別銘柄へ投資することがリスク管理になりオススメしておきます。

保有銘柄数とリスク

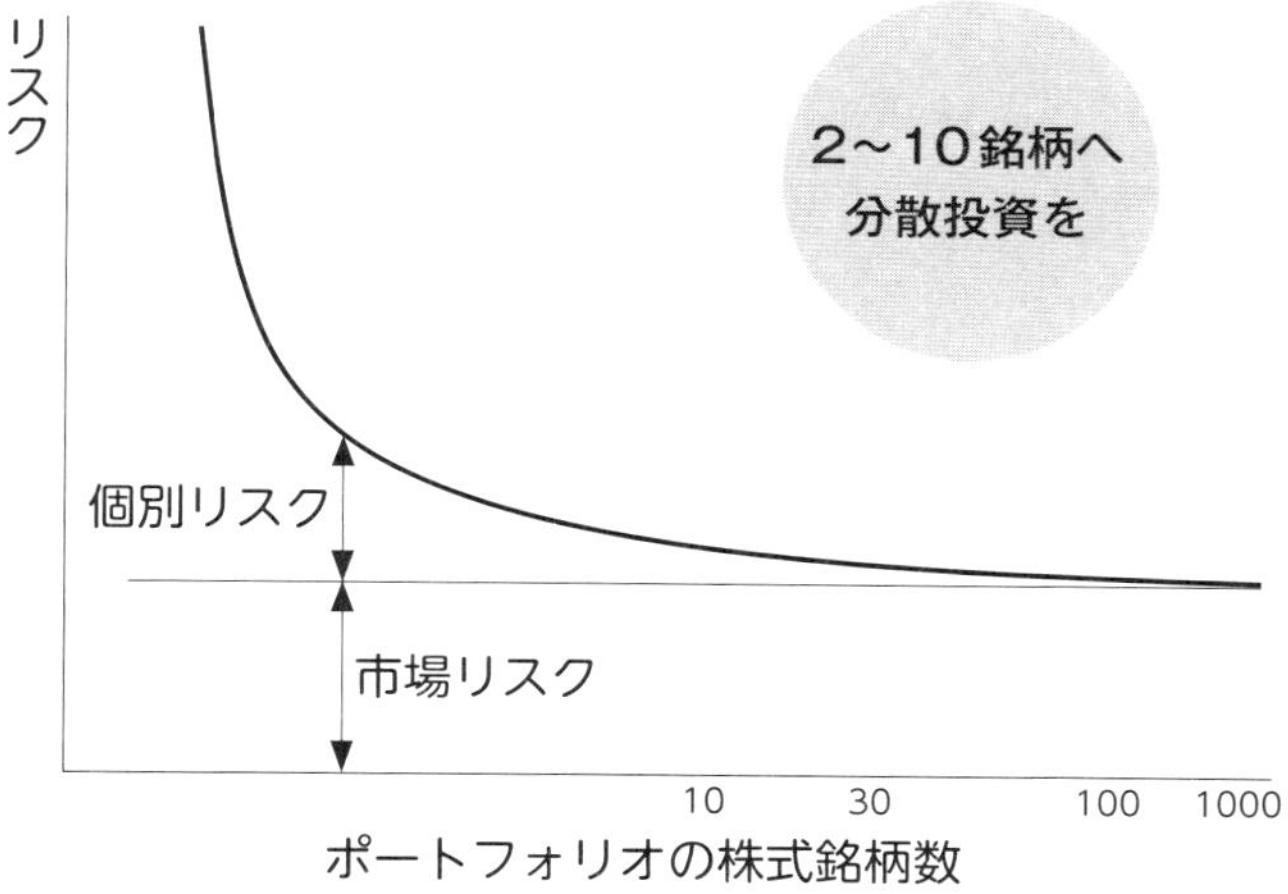

<『卵は一つの籠に盛るな』>

分散投資の代表的な諺で、「卵は壊れやすいので、鶏小屋から卵を運んでくる際には、一つの籠にたくさん入れてはいけない」という教え。卵をお金に置き換えて、一つのものにまとめて投資するとリスクが高く、分散が大切ということ。

<ハイブリッドの分散投資とは？ >

上位10％の銘柄に半分の投資、次の上位20％の銘柄に資金の1/4、残りの下位70％の銘柄に資金の1/4を投資する。これは、当たれば大きい集中投資のメリットと、万が一のリスクヘッジとなる50 〜 100銘柄程度への分散投資を掛け合わせて行うピーター・リンチに学んだ投資手法。投資金が大きい方はぜひお試しを！

10年持つつもりで選んでも、10年保有はなかなかない

あのバフェットは、買う時には「10年も持つ気のない株は10秒でも持つな、50%下落してもパニックに陥らないでそういうときこそ、ありがたく買うこと」という割には、ほとんどの株を10年未満で売ってしまっています。

これは、買う時はあくまで10年、できれば永遠にお付き合いする価値のある会社の株だと思って買ったものの、保有して時間の経過とともに投資した金額と企業価値が見合わなくなることが頻繁に起こることがあるということです。

「結婚のように投資をしなさい、一生添い遂げるつもりで」という一方で、「もしも、あなたの乗っているボートが慢性的に水漏れを起こしているのならば、その修復に労力を費やすよりも、ボートを乗り換える努力をする方がよほど生産的でしょう」

とも述べています。

バフェットは、株を売る際に①自分が保有する基準に合わなくなったとき、②より有利な投資対象を発見したとき、③自分が間違っていたと思えたとき、という基準を持っておられるようで参考にしたいですね。

ありがとう&さらば10倍株・大化け株

最後に、前項の具体的な事例としてベクトル（６０５８）を取り上げておきます。

同社株は前著にて、２０１６年11月23日に10倍達成後、売上の拡大余地が十分にあり長期的な天井はまだまだ先と述べており、最終的に22倍超まで株価は上昇しました。

しかし、17年2月期決算資料でもアピールされ、近年ずっと株主に訴求されてきた「太平洋・アジア事業戦略のページ」が18年2月期決算で消滅したのです。これにより、ＩＰＯ以来持ち続けた同社へのアジアにおける躍進と成長期待という潜在価値が大きく後退し、ど真ん中の注目銘柄ではなくなりました。加えて、18年の米国視察の際に多くの大手メディアがフェイクニュースというあおりを受けて、ＰＲの根幹となる取材活動を米企業から拒否されている事例が急増し、日本がお手本にしていた米国のＰＲ業界が曲がり角に来ていると知りました。

そんな中、19年2月15日には同社株に大化け加速逆サインが点灯し、次章でまとめております売りの理由がいくつも重なったのです。

私は、同社の株価がＩＰＯ以来6年かけて20倍超になったことに心から感謝し、さらば10倍株を決めたのでした。

他にも、好景気の終盤でキャッシュを増やしていくという大局の中で、これまでの注目株に「さらば」を告げています。例えば、当面の海外展開の成熟感と33億円かけた新社屋の完成で一区切り感ある10倍株のレオン自動機（6272）や、主力とする国内航空券の競争激化が顕著になっている5倍株となったアドベンチャー（6030）などです。

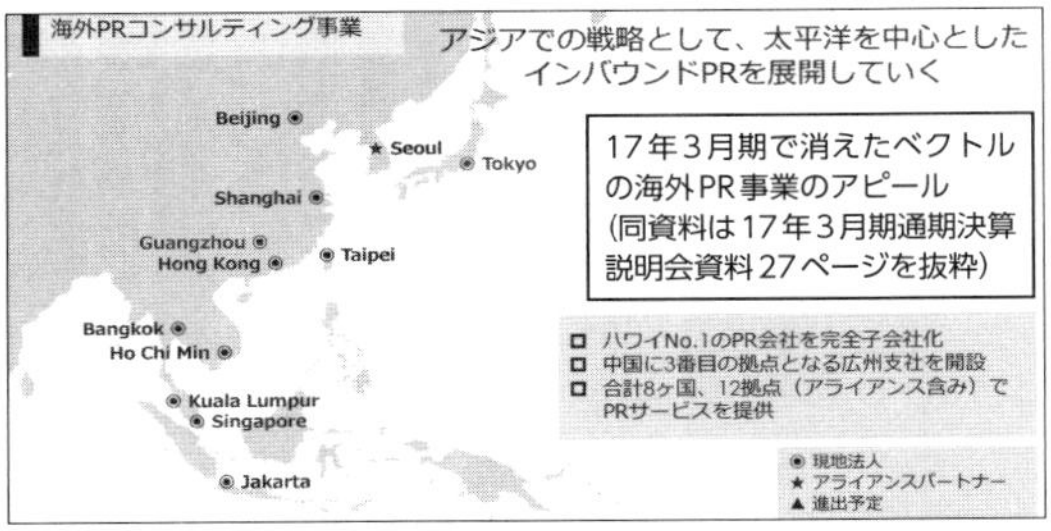

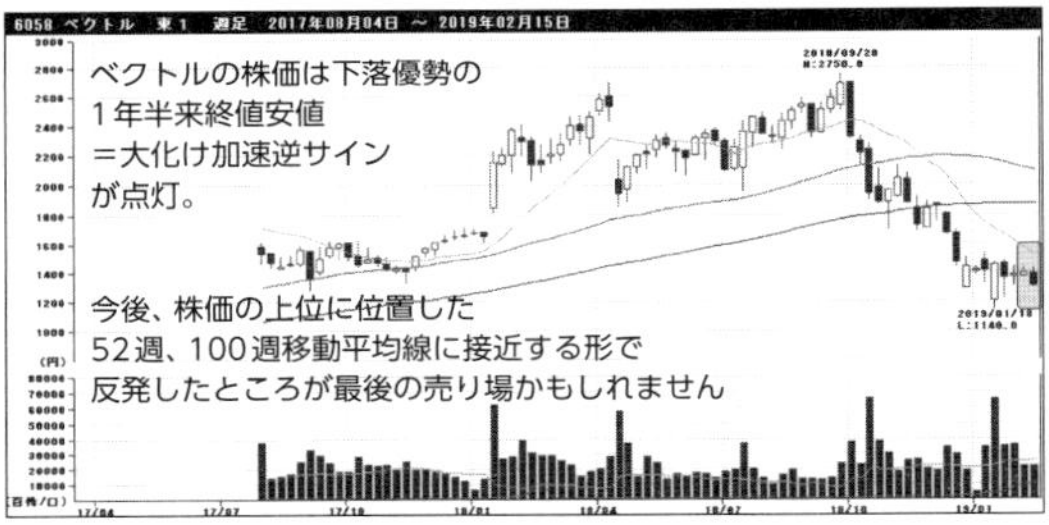

17年に特選3銘柄から10倍株となった北の達人（2930）は、ベクトルと同じく海外要素が決算書から外れたために、前項の注目リストには入れておりませんが、事業構成がニッチで筋肉質のため、ボーダーライン上ではあるものの注目銘柄として残してはおります。

以上のような考察を通じて、ピジョンのように競争優位性と市場の伸びしろが超長期で持続し、10年経っても色あせない方が、いかに珍しく貴重かを感じる機会にして頂ければ幸いです。

［第5章］

相場の天井圏で活かす景気の読み方と投資の知恵

景気の読み方は、実は中学校の公民でみんなすでに習っている

この章でご紹介している知識は、賢明なる長期投資を行うにあたり知っておくべき必須事項となっています。

まず、既に中学校の公民で習った景気を読む基本を載せておきます。

✤中学の公民参考書でわかる景気の読み方

現在の日本経済は、「商品がよく売れ、生産が拡大し、企業の利潤が増えて経済活動が活発な状態（好景気、好況）」でしょうか。反対に、「経済活動が沈滞した状態（不景気、不況）」でしょうか？

歴史を見ると好景気と不景気の時期は交互に繰り返されています。市場経済のもとでは、商品の消費量や生産量は、市場の働きによって社会全体としてある程度は調整されるものの、景気の変動を避けることは難しいといわれています。そのため、深刻な不況や行き過ぎた好景気が私たちの生活に大きな影響を与えることがあるのです。

そこで各国の政府は、さまざまな政策によって企業の生産や国民の消費を促進したり抑制し

たりしながら、物価の安定とともに景気を調整し、経済を安定させるための努力をしています。

（『新中学校　公民』文部科学省検定済教科書、清水書院）

〈好景気・好況の特色〉

①商品がよく売れ、企業の利潤が高まる

②企業は、利潤を設備投資や労働力の増強にまわして生産の規模を拡大→生産がさらにさかんになる

③失業者が減り、労働者の賃金が上がって需要が多くなるが、それにともない物価も上がる

〈不景気・不況の特色〉

①生産過剰から、商品の売れ残り（滞貨）が最大となる→商品の価格が下がり、企業の利潤がへる

②企業は操業短縮・休業などで生産をおさえる

③市場は資金不足となり、銀行も融資を引き締めるため、資金に困った企業の倒産がふえる→失業者の増大

④労働者の賃金は上がらず、国民の購買力は低くなり、物価は下がりぎみとなる（『シグマベ

スト　くわしい公民　中学3年』、文英堂)

これに対して、景気の調整のために次のことが実施されます。

〈景気の抑制〉

好景気もゆきすぎると(景気の過熱)、インフレになったり、その反動から恐慌がおこったりするので、以下の政策で景気を抑制することがあります。

①**増税**(増税によって民間の資金をすい上げる)

②**財政支出のきりつめ**(財政支出をできるだけ少なくし、民間に通貨が流れでるのを防ぐ)

③**金融引き締め**(日本銀行は通貨の供給をおさえ、企業の設備投資を少なくして、生産過剰になるのを防ぐ)

〈不景気対策〉

不景気のときには、景気のたて直しをはかることが必要となります。

①**減税**(減税によって、国民の購買力を強める)

②**財政支出をふやす**(公共事業をおこしたりして、需要をふやし、失業者に雇用の機会をあた

える）

③**金融緩和政策**（日本銀行は通貨の供給をふやし、企業の設備投資などに協力する）（『シグマベスト　くわしい公民　中学3年』文英堂）

そして、これを読めば、リーマン・ショック後に米国をはじめとした大規模な金融緩和や中国の4兆元（当時の円換算で60兆円）の大型景気刺激策が、世界経済を大底から引き上げたのも理解できます。

さらに、トランプ大統領誕生で株が上がった背景もわかります。要するに、米の中央銀行にあたるFRBが金融引き締めをしても、不景気対策であるはずの大規模減税と財政施策を好景気に実施するという前代未聞の経済政策に期待が集まったためです。

これは、中学生でもわかる経済の理屈だったことを思い出して頂きたいところです。

金利は経済・景気のすべてを動かすコントローラー

米国のＦＦ金利（※後述参照）は景気を自在にあやつるコントローラーです。

ＦＦ金利が上がるとローンやクレジットの債務にかかるコスト増で景気は減速し、ＦＦ金利の引き下げは逆にそのコストを下げるので、金利低下なら景気拡大に備えるというのが長期投資の基本となるとても大事な考え方です。

※ＦＦ金利（フェデラル・ファンド金利）とは、銀行同士が短期でお金の貸し借りをする時に適応される金利です。米国の中央銀行にあたるＦＲＢ（連邦準備制度理事会）は、ＦＦ金利（フェデラル・ファンド金利）を政策金利として、敢えて単純な例えでいえば車のアクセルやブレーキのように経済のスピードをコントロールしています。

金融政策と金利と景気循環

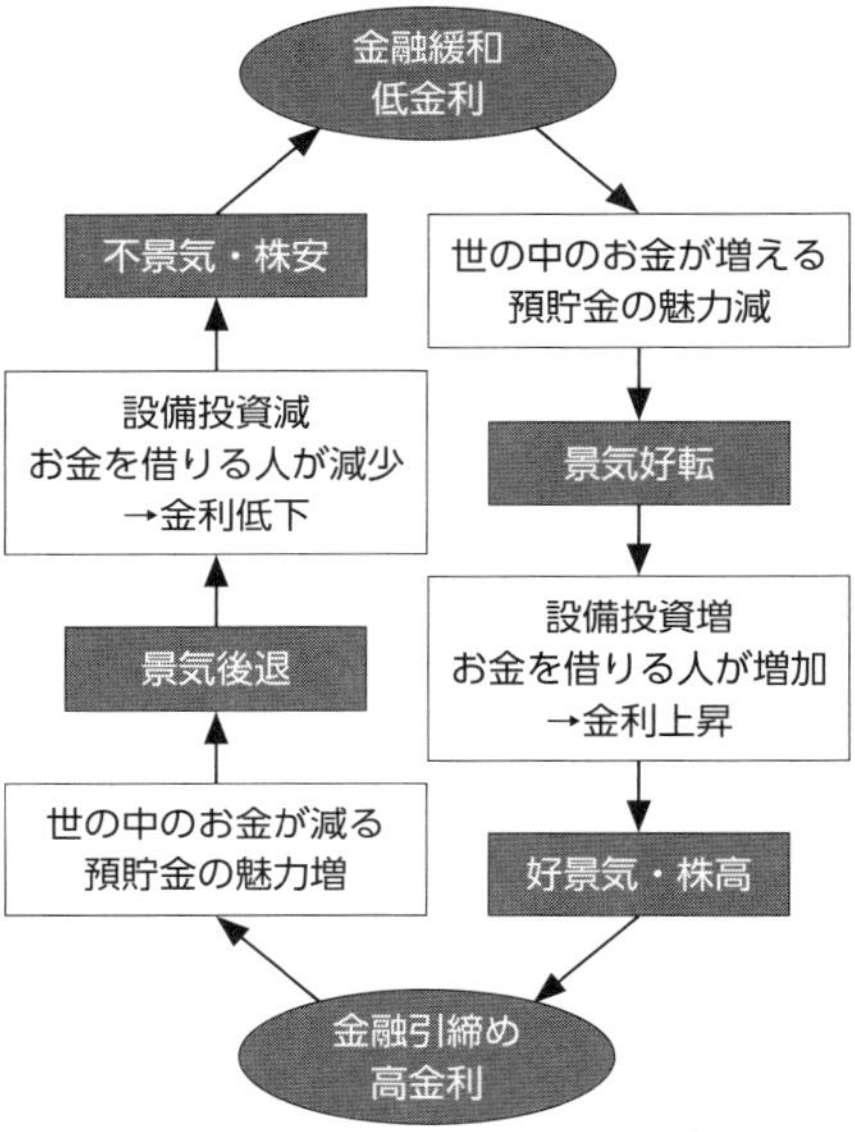

市場の過熱を測る際、バフェットも金利を見ている

投資家として最も成功しているバフェットが、全体相場の見通しを考察する際に「金利」を考慮し、利上げは株価を下に引っ張る重力としている点は見逃せません。

バフェットは、

「金利が上がると、すべての投資の価格は下向きで調整せざるを得ない。財務評価への金利の影響は物質に対する重力の影響と同じだ」

「（市場の）妥当性の範囲は売上・貯蓄・金利などの要素で年々変化し、５～10年に一度は自信を持って、〝妥当性の範囲〟から外れることがある」

「我々は１０００年に一度の災害に備えている」

「金融危機時に我々は貸し手になれた」として、過去に２００８年10月など5回だけ範囲から大きく割高や割安に逸脱していたと判断した売買で大成功を収めています。

その成功の秘訣こそ大局による逆張りの成果だとも言え、このような時に優良銘柄に投資するからこそ、「もし簡単な割安な時に投資できるなら、投資は難解な知的ゲームではもはやない」と述べているのだと私は考えています。

相場がいま何合目にありそうなのか、相場サイクルを考えよう

相場サイクルを読み解くうえで、非常に参考になる書籍『相場サイクルの見分け方』の要点をご紹介します（新装版は、アナリストの吉野氏による解説が著者である浦上邦雄氏の原文に加わり、より全体を把握しやすくなっておりますので、原著もぜひお読み下さい）。

・景気の下降局面では、企業の業績悪化が続くが、金利低下による業績回復期待から景気回復の期待が生まれ、株式市場は「不景気の株高」となる

・政策金利の引き上げや金融引き締めによる金利の上昇に伴い、金利低下局面で大きく上昇していた金融、不動産、公共サービス株の調整が拡大するとともに、先行きの景気減速懸念から素材産業などの下落も拡大することが多い。1989年5月に始まった金融引締めによって、日経平均が史上最高値をつけた未曾有のバブル相場に転機が訪れた

・一見、無秩序で予測が不可能と思われる株式相場も、長い目で見ると一定の特徴を持った4

つの局面（図表参照）を繰り返している

1990年代半ば以降は、超低金利が常態化し、景気が循環的に回復しても勢いは弱く、2007年の利上げ後まもなく株式市場が急落したため、逆金融相場が短く、このような4つの局面に明確に分類し難くなった面もありますが、いまなお示唆に富む株価市場の局面推移表だと思います。

・日経平均が底入れから反騰に転ずるのは、金融引締めが解除されてからである。この時、世の中は不景気な話ばかりである。企業の倒産が多発し、合理化と人員整理が行われている

・金利と企業収益の動向を見ると、これは明らかに金利が先行している

・株価の最高値で売り逃げることは難しい。予防的な措置とはいえ、

	金利	業績	株価
金融相場	↓	↘	↑
（中間反落）	→	→	→
業績相場	↗	↑	↗
逆金融相場	↑	↗	↓
（中間反騰）	→	→	→
逆業績相場	↘	↓	↘

最初の公定歩合の引き上げが行われた時点から、逆金融相場にそなえて、運用資金は限りなくキャッシュに近い短期の金融商品に切り替えることができれば理想的である。

・逆業績相場では、株価が値下がりする以上に外部環境が暗くて業績が悪化し、先行きは悲観的になる。その結果、株価は底値に近づくほど、割高に見える（以下、相場サイクルと金利・業績・株価の関係図解）

以上が相場サイクルの要点です。

あとは、金利と原油がセットで急騰した時には、インフレによる金利引き締め強化で将来の株式市場急落を警戒してもよいでしょう。

株価は将来も包括し全ての情報が集約している最強の財務指標

私は相場を株価が「強い」か「弱い」で考えます。強い相場がますます強い相場になる時に、株価は高値からさらに超高値へと跳ね上がり、逆も然りです。

大抵の投資家が、ある銘柄を買うときにその企業の将来性を見込んで買うはずです。それ故に、株価はその企業の将来に対する全ての情報や思惑を反映しながら推移します。その中でも、特に会社を形作る理念や企業文化、戦略、技術、人材、顧客などは工場の設備や現預金のように財務諸表に載らない非財務情報で「見えない資産」と呼ばれますが、株価はこれらも織り込んでいきます。

個別企業の株価を見る考え方の参考になったのが、『失敗の本質』のベストセラーでも有名な経営学者である一橋大学名誉教授の野中郁次郎氏が序章を書かれた『日本の持続的成長企業』の教えでした。

・株価を持続的成長（優良＋長寿）企業の業績指標とする

・その理由は「株価の包括性（株価は、理論上将来のキャッシュフローの現在価値であるから、人材関連投資など将来に向けた取り組みも包含した財務指標ということができる）」と「株価の客観性（株価は短期的には内外環境の動向に左右されるが、直接的に操作できない極めて客観的な指標である）」にある

・持続的な成長企業であるためには、概ね株価が上昇トレンドでなければならない

この教えが私のファンダメンタルズ（業績、財務、事業内容など）とテクニカル（チャート分析）理論の融合を生み、劇的な株価分析の革新をもたらすきっかけになりました。特に、最後の教えはバフェットの「**チャートが長い期間で右肩上がりになっていればビジネスがうまくいっており将来性があると判断し、右肩下がりになっていれば何か問題があるのだろう**」という教えとも共通している分析でした。

「**株価には全ての情報が織り込まれる**」とすれば、「**客観的指標としての利用価値は絶大**」で、株価の動きそのものが投資家に重要なシグナルを発してくれるのです。

日経平均株価は225の日本を代表する優秀な企業による個別株価の集合体で構築されていますので、日本経済の先行きを反映していくのは当然ではないでしょうか。

もちろん、株価が間違えていることもあります。

しかし、たいていは株価が正しいことが多いもので、リーマン・ショック時の08年も株価が正しく、多くのプロ・アナリストが間違っていました。08年新春前後の雑誌や新聞を手に取ってみてください。企業業績の最高益更新を根拠に、強気の見通しばかりが並んでいました。「子（ね）年は繁栄を表す縁起の良い年。相場の活況を期待する」という意見まであり、ある調査では08年秋の暴落を見抜いたアナリストは30人中1人だけでした。

ですから、第2章で言及しているTOPIXの07年秋と同様の株価の下方向に強い形で1年半来安値に終わった18年12月の株価を、今後の長期下落の警戒サインとして捉え、念のためのリスクオフ・ポジションを一部取っておくことは当然と考えています。

私の株分析は、株価から始まります。ファンダメンタルのみの判断は、過去の産物でのデータ判断であって、そこから未来は見えにくいものです。

株価のトレンドを参考にすることで、当面の株価を動かす最大の要素である将来性（美人投票）から、長期的な企業業績の優良性まで網羅して客観的に把握できるのです。

小学生でも間違えない！
簡単な週足チャート判定法「株価は雲の上か下か？」

株式投資を長年行っていると、会社予想や会社四季報予想が過去最高の業績の見通しであるはずなのに、株価がそれに反して急激に下げ始めるなんてことが起きます。

そこで、そんな時に小学生でも間違えない簡単な週足チャートの読み方を使って、念のためのリスクオフをしておいた方がいい水準の判定法をご紹介します。これは、大化け加速逆サイン（下落力の強いローソク週足・平均以上の出来高・1年半来終値安値）の判別がそのひとつの方法ですが、今回は株価位置のところを一目均衡表の雲の下に変更したものを次ページの図で示しており、事例には景気敏感株の代表格であるコマツを使いました。

コマツの株価は2007年10月に天井をつけ、その後の業績悪化を先回りで織り込んでいました（08年3月期の決算が業績のピーク。ちなみに、バブル時のコマツの株価は89年12月がピークで、業績は91年3月期の決算がピークでした）。

もちろん、だましも発生しますが、株価自体はプロにもアマにも平等で変わらない情報ですので、我々がこれを一つの目安として活用しない手はないでしょう。

「コマツの株価と業績ピークのズレ」と「小学生でも判断できるチャート」の見方

前回の景気サイクルにおける株価推移

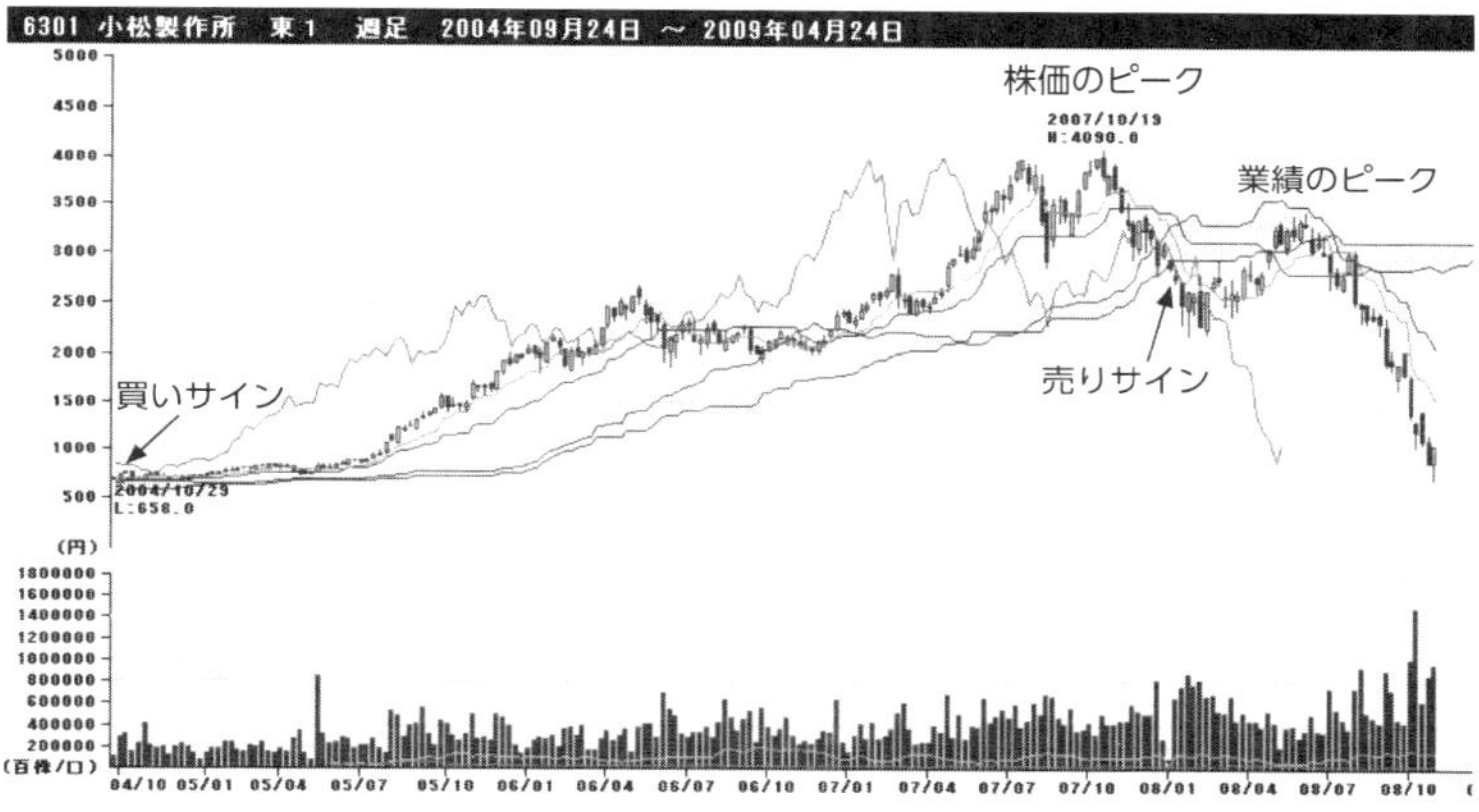

現在の株価推移

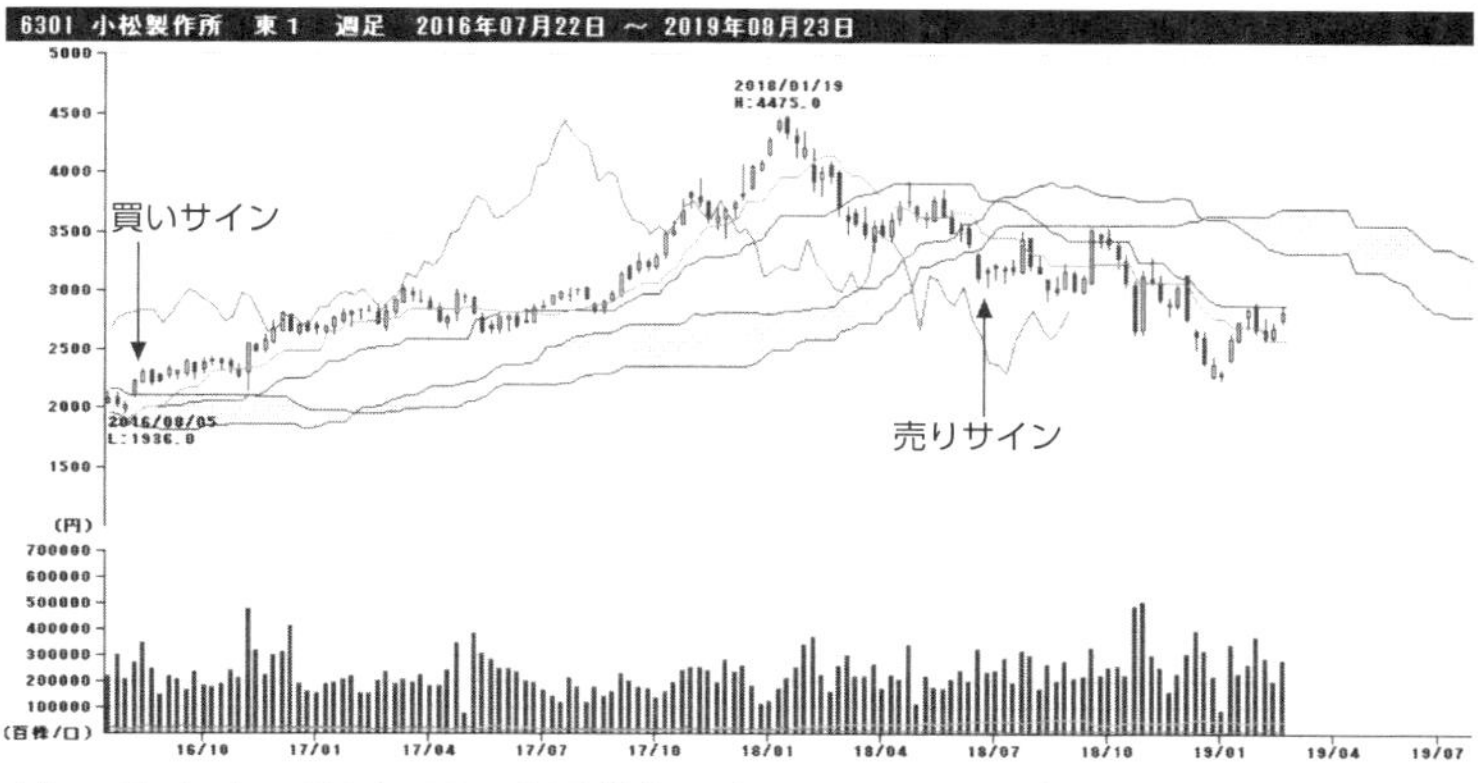

〈売りサイン〉 ①雲の下 ②下落力の強いローソク足（陰線陽線でなく値下がり方向の動きが長い） ③平均以上の出来高

〈買いサイン〉 ①雲の上 ②上昇力の強いローソク足（陰線陽線でなく値上がり方向の動きが長い） ③平均以上の出来高

具体的な個別株の売り方・総復習

✤株を売るのは、2倍高・10倍高達成を目標にする（初級編）

これは非常にシンプルな売り方です。仮に5万円の銘柄を10万円分（2単元株）買っていたとして、その後の株価が2倍の10万円になったとします。この2倍の時点で1単元株を手放せばあなたには10万円と手元に残った10万円の価値のある株が残ります。

それからめでたく株価が買値の5万円から10倍の50万円でテンバガーを達成して売ると、最終的には10万円の投資が6倍の60万円に増えます。おそらく、初心者でも行える簡単なやり方としてはこれがわかりやすくていいかと思います。

2単元株とも10倍になるまで待っていれば、10万円が100万になるではないか！　と思った人は要注意。

それは結果論です。

2倍はよくあっても10倍はそうそうないので、株価が上がっても儲けられないで終わる可能性が高いことを指摘しておきます。

一方で、2倍の時点で売っておけば、その会社が突然まさかの倒産を発表して株券が紙くずになっても、損はありません。株価が乱高下しても残りはすべて利益ですから、その後の株価の推移を心に余裕を持って見守れますので、オススメしておきます。

2倍と10倍で売ることを目標にする

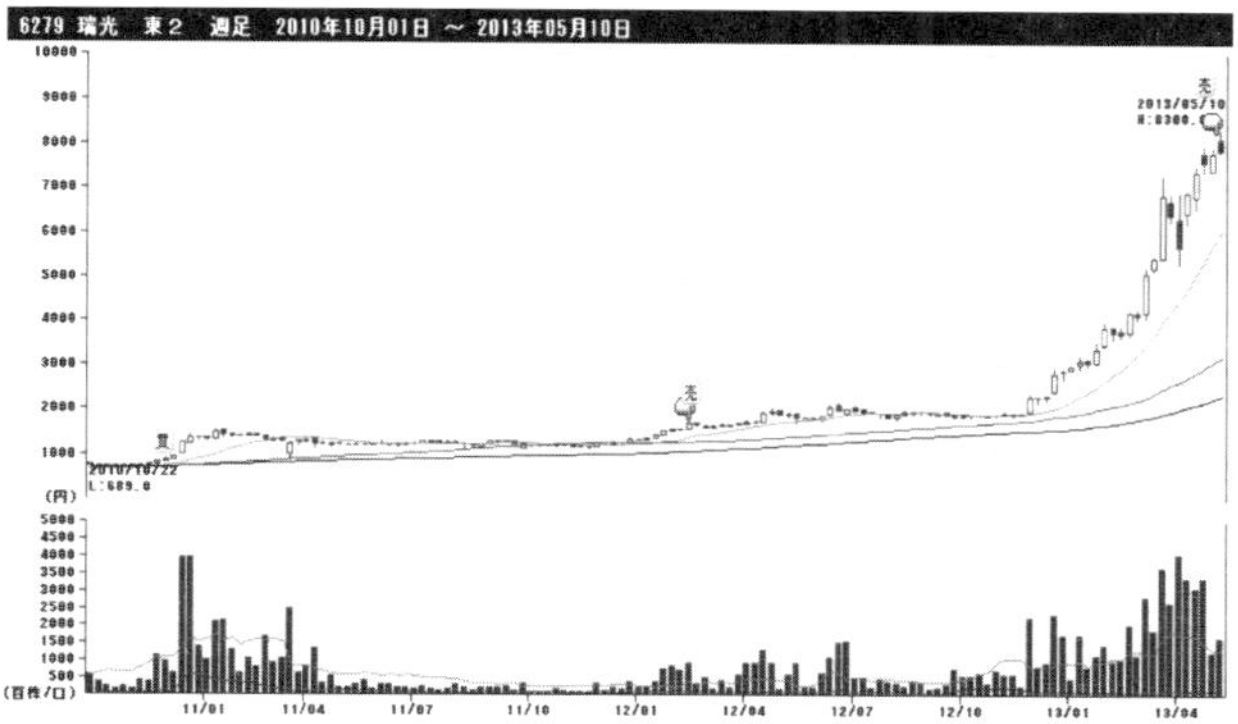

忘れてならない重要なポイント！
「2回に分けて売る」ために

⇩

最低でも2単元株は買っておこう！

✤難しい売りの11のタイミング（中上級者編）

売りの最大のポイントは、「買い以上に分散すること」です。

そのために大事なことは、前項で述べたように、「必ず複数単元株」を買っておく必要があるということです。最初の売りをする際に、1単元株しか持っていなければ、私も売り時に困ってしまいます。1単元株しか持っていなければ、3日連続ストップ高でもあれば「売らなきゃ」と思ってしまったり、逆に「いや、これは歴史的な相場のスタート」だと思ったり、心の葛藤がきっと出てくるものです。

しかし、その「売り時に悩む葛藤」こそが、投資家を勝てなくさせている最大の要因なのです。

よって、売り時は最初から何回も散らす投資戦略を立てておくのです。

最初から何度も分けて売る戦略をとっていれば、「売るのがもったいない」などという苦しみから解放されます。それを実現可能にするためには、何度も強調しますが、複数単元株を買っておくことです。

また、これは1銘柄に関してのことですので、これをさらに複数銘柄で行おうとするとそれなりの資金が必要です。

難しい売りのタイミング

利益確定	①【利確推奨】株価が２倍になった時 ②株価が３倍になった時 ③【利確推奨】株価が４倍になった時 ④株価が10倍になった時 ⑤10倍達成後に、株価が13週移動平均線を、下落優位のローソク足で割り込んだ時 ⑥株価がファンダメンタルからみて、割高になった時（⑥は判定法がある方限定で利確推奨）
心中覚悟 or 様子見銘柄以外撤退	⑦予想売上か予想営業利益が前年比でマイナスとなった時 ⑧１年半内で終値株価が最安値となった時
その他	⑨全体市場で売りサインが出た時 ⑩見込んだ将来性の消えた時or誤った時 ⑪他にもっと魅力的な銘柄が現れた時

保有が３単元未満なら、２倍、３倍、４倍（orファンダメンタルで割高になるまで待って（⑥）でそれぞれ売り、保有が４単元以上でなければ10倍株を目指さない方が10倍株の出現率は低く、トータルパフォーマンスが良いので推奨しておきます。

なお、撤退の売りサインが出た時は、資金の少ない投資家ほど市場からの完全撤退の負けとならないように、ルールに従うことが原則です。

しかしながら、投資した企業と心中してもよいと思えるほどその企業の将来性や経営姿勢を応援している際や自分目線で自信のある銘柄は、心中覚悟の長期保有をしてその企業を支えよう！

なお、全体市場の売りサインが点灯した時には、基本的に次の５年の将来性を吟味して、新たな未来イメージに沿わない銘柄や日経平均などと比べてチャートが弱く、株価位置が低い銘柄から優先的に手放します。

そこで、まだ自己資金がそこまで大きくない方は読み飛ばして頂いても大丈夫です。着実にまずは2倍株を狙い、少しずつ投資金を大きくしていくのです。それでも万が一、最初の銘柄で半値になるなど大失敗をしたとしても、挫けないでほしい。と言いますのも、私は大学生の時に90%ダウンをＩＴバブル崩壊で最初の銘柄において経験しました。

それでも、世界長者の歴史を鑑みて、株投資を諦めず、ほぼすべてのボーナスやインセンティブや調達したまとまった金額を株に投じ続け、今の土台を作りました。

まずは焦らず、自分の投資できる金額の範囲から本書の売買テクを自分なりに活かしてください。

なお、２１７ページの図にある⑨の全体市場の温度測定による売りサインこそ、今回の本でお伝えしたかった第2章の33指標によるものです。ぜひ今後のポジション管理にご活用ください。

日本株の先行きを考える際には、米国市場をチェックしよう

1970年代前半、70年代後半、80年代後半、90年代後半、そしてまだ記憶に新しい2000年代半ばのすべてで、日銀の利上げは米国の利上げに3カ月～1年半程度（5回の平均は13カ月）遅れて実施されています。

その理由として、『金利を読む』の著者、滝田洋一氏によれば、「輸出主導の日本経済は円高を嫌うので、米国が緩和の時には日本も緩和姿勢を取るが、米国が引締めに転じる過程では、日米金利差が開くので、円高圧力も和らぐ。米国が引き締めに踏み切る背景には、米国の景気好転があり、日本経済にとっても日本からの輸出が伸びるなど、いい湯加減となる。かくて日銀もおっとり刀で金融引締めに転じる」ということです。

よって、日銀の金融政策は米国の後追いとなっており、日本の金利や景気の行方を見る際に米国の動向を把握することは欠かせません。

また、東証上場企業は利益の6割を海外で稼いでおり、最も比率が高いのが米国で、米経済の把握はマクロ・ミクロの両面から不可欠です。なお、日本企業がアジアでの収益を伸ばしており、今後はアジアの経済指標のウエイトを上げていく必要もありそうです。

なぜ、バブルは繰り返されるのか？

一般的なバブルの認識は、「バブルの最中には、皆、熱狂してしまって誰もバブルがバブルであることに気づかず、投資してしまう」というものがありますが、最近の研究ではこれとは違う要因も指摘されています。

それは、バブル相場になりかけている状況で、むしろそれを利用して儲けようと戦略的に投資される資金があるからこそ、バブルは加速するというのです。

また、そんな状況の中で見識ある投資家が、バブルをバブルだと認識していても、パフォーマンスが要求されるプロほど、相対的なパフォーマンスの低下が怖くて相場から降りられずに、相場の下落に巻き込まれていくという研究分析でした。その反面、バフェットのようなほぼ単独や少数で最終的な投資判断ができる自由なプロや個人投資家は、金利が上がったからキャッシュを一気に高めるなど、機動的に動けるのが吉と出るのだと私は思っています。

こうして、バブルが賢い人達の合理的判断で拡大し、その合理性をＡＩによる売買でも助長されることで、これからも相場は暴落と過熱を繰り返し、多少カタチを変えながらも歴史を繰り返していくでしょう。

株で億万長者になりたい人がやるべき「たった一つ」のこと

『経済好調で浮かれている利上げ時・景気の雲行きが怪しくなり始めた時に株を売っておき、不景気で株式市場の低迷する利下げ時・上げ相場の駆け出し時に株を買う』

たったのこれだけです。

これまでお読み頂いてきたように、景気は循環し、長い目で見れば金利と金融緩和・引き締めと政府の景気刺激策をチェックしてさえいれば大局はそれなりに掴め、天井圏あるいは大底圏で合理的な逆張りをすることで巨利を得ようということです。

これを10年に一度のサイクルと心得、慎重に時期と購入株を見定め、実行したらひたすら忍耐強く「売買の好機」を待ち、好機が訪れたら合理的に売買を実施する。あとは長い年月をかけて、これを地味に繰り返すのみなのです。

この項の最後に、バフェットの一言を添えさせていただきます。

「我々が歴史から学ぶべきなのは、人々が歴史から学ばないという事実だ」

感情をコントロールできる歴史に基づいた有利な規律の確立を

前項の「株長者になる理由」はそうでも、実際の投資となると色々な誘惑や世の中の単眼的で浅いメディアの報道で心が揺さぶられ、大衆の愚かな判断に巻き込まれることが出てくるでしょう。投資家が何の基準も持たずに長年にわたって合理的な投資を行うことは不可能だと思います。それ故、投資で長くトータルで勝っていくためには明確な規律を持つことが肝要です。

「生涯を通じて投資で成功するためには、意思決定のための適切かつ知的なフレームワークと、それを働かせないような力から感情を一定に保つことができる能力だ。感情は規律でコントロールする必要がある」ともバフェットは語っており、統計と歴史に基づいた確率優位な期待値が見込める投資ルールの確立こそ投資の成功には欠かせません。

「どんな場合でも損を出さないことを考える」とも教えてくれるバフェットは、周囲の雑音に耳を傾けず、自分の規律で取り返しのつかないリスクを避け、リスクとリターンを比べて有利な選択を積み重ねていくことを続けて、今の成功を勝ち得ています。

最後に、投資で勝つ人・負ける人の特徴図も以下にそえておきます。バフェットの師匠のベンジャミン・グレアムも**「安全域は楽観論ではない数字・数学的計算、筋道の立った論証や実**

際の経験に照らして証明可能なものでなければならない。そのように十分な知識と信頼できる判断という裏付けがあれば、勇気が最大の価値を持ち、満足の行く投資結果を生む」と述べており、投資は合理的に行うべきです。

投資はあなたの将来を豊かにする大切な手段ですから、本業のビジネスと同等かそれ以上に自己およびリスクコントロールを可能とする規律を確立して臨んで下さい。

最後に儲かる人＝勝ち組、損する人＝負け組の特徴

OK 勝ち組		NG 負け組
○必要な株知識がある ○ルールを設定できる ○目標がしっかりある ○情報収集を怠らない ○有望な企業 ├強い株価 ├自分目線での将来性 ├事業を理解できる ├価値に比べ割高でない └財務が悪くない	選ぶ	×必要な株の知識がない ×情報を鵜呑みにする ×著名な大企業 ×優待が魅力 ×旬の注目テーマ株 ×予算内で購入できる （単純に予算だけを判断の基準にし、その銘柄の有望性を熟慮しない）
○チャートをチェック ○上昇期待のタイミング	買う	×チャートも見ずに「なんとなく」買う ×余裕資金以上を株につぎ込んでいる
○時間軸を長く取る ○定期的に株価チェック ○情報収集を怠らない	保有	×値動きに一喜一憂
○利益確定、撤退の判断が的確にできる	売り	×欲をかきすぎて、冷静な判断で売れない ×不納得保有（塩漬け）

金利と株価は基本的に逆相関の関係にある

自分の投資規律を確立する際には、超長期でみれば、金利と株価は逆相関にあることだけは外さないで活かしてほしい点です。

ベンジャミン・グレアムも超長期的には、「金融緩和は上昇要因、金融引締は下落要因」と教えており、これは原則にしていただきたいところです。

その上で、中長期で見れば、利上げの初期は景気が良い証拠として株高になり、利下げの初期は金融下支えが必要なほど景気が弱い、あるいは後退するとの市場の憶測も働き株安となることも多いため、私は第2章のような金利のルール設定も行っております。

また、繰り返しになりますが1970年代前半以降、日銀の利上げはFRBに3カ月〜1年半程度（5回の平均は13カ月）遅れて実施され、米の後追いとなっているので、やはりFRBの金融政策の動向には目が離せません。

最後に、金利と株価の関係のイメージ図解を作りましたので、日本株でも度重なる利上げが基本的には株価の重力となっていることを覚えておいて下さい。

金利が上がれば、
株価は下がる

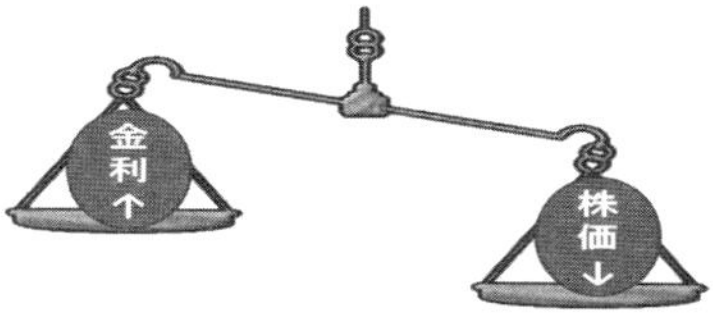

金利が下がれば、
株価は上がる

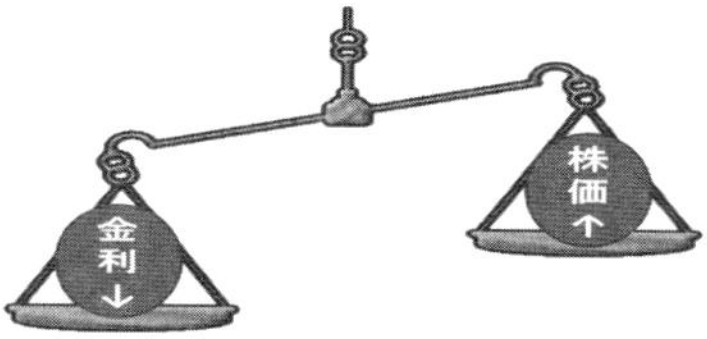

相応の金利上昇が熟された株式市場を冷却する

(日経平均と政策金利と天井・底値のPER)

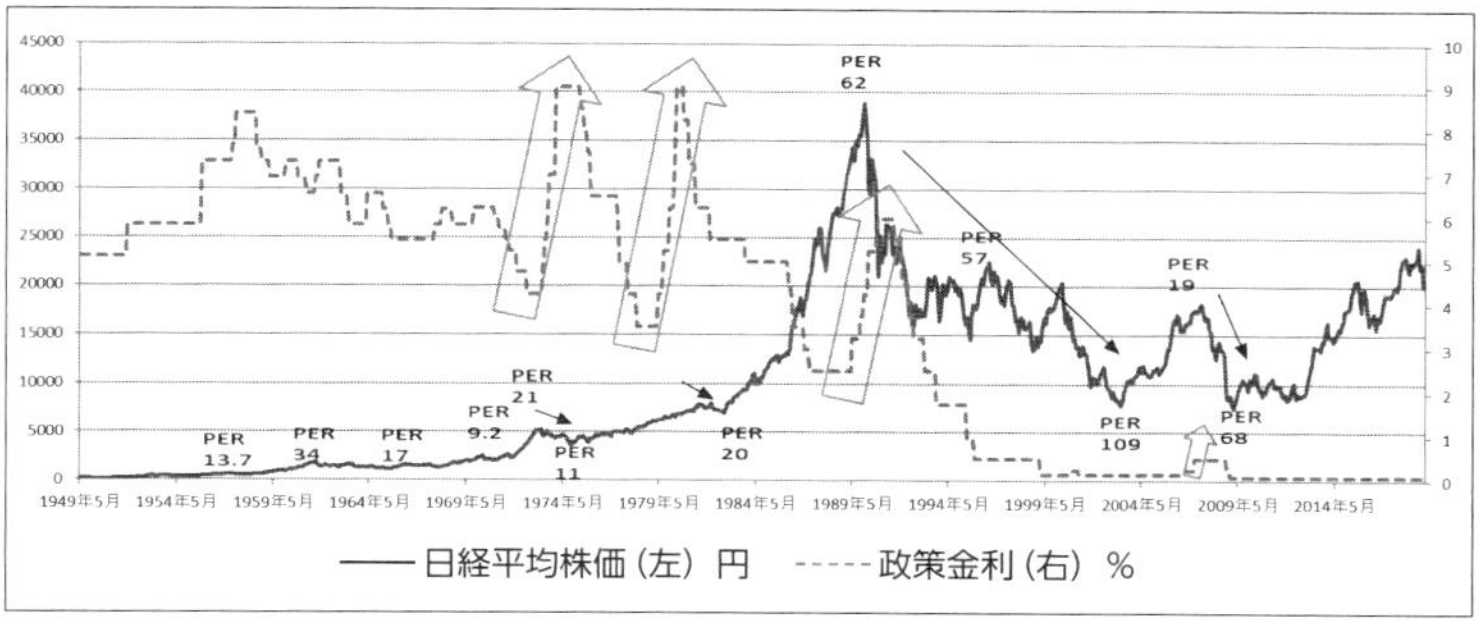

「PERやPBRは指標にはなるが、最後の判断基準にはならない」
(バフェット)

以前、ドル・コスト平均法を金利も相場サイクルも景況感も見ない思考回路停止した人の投資法で、戦後のパフォーマンスも極めて悪いことを提示し、それなら利下げの間に毎月末に株（日経平均）を買った方が、ドル・コスト平均法の2.8倍もパフォーマンスが上がることを書いたことがあり、補足しておきます

金融引締（緩和）×金利上昇（下落）の一定期間経過で売り（買い）

投資する際のルール設定で、金融の仕組みが変わらない限り、揺るがない大事な規律はたった2つしかありません（第2章ＦＦ金利の売買ルール参照）

①金融引締めが継続し、金利上昇が続き、その後に一定の水準で横ばいとなりそう、あるいはなった時が株の最高の売り時（※）。景気の弱さを背景とした金利の利下げ開始（米利上げ停止後半年以内の利下げを除く）はそれに準じる株の売り時です

②金融緩和が継続し、金融危機の発生や連鎖倒産などでさらに金利下落が続き、その後に一定の水準で金利が横ばいとなりそう、あるいはなった時が株の最高の買い時。景気の強さを背景とした最初の利上げやその前の市場による予想が高まった時はそれに準じる株の買い時です

※ある相場において最高値で売れることを意味しておらず、10年スパンでみてそれなりに天井圏で売れればＯＫとするタイミングを最高の売り時と呼んでいます。

では、尊敬に値する投資家の金言に再び触れ、この章の終わりとします。

まず、バフェットの師匠ベンジャミン・グレアム。

「熱い経済もいつかは熱気も衰えを見せる。これは住宅ローンなど資金・借り入れコストの高騰によってもたらされる」

「投資家が最大の損失を被るのは、好景気下で優良とはいえない証券を購入したとき」

そして、偉大なる投資家ウォーレン・バフェット。

「他人が貪欲になっているときは恐る恐る」

「流動性をたっぷり確保しているので、ゆっくり眠れる。おまけに、米国で金融危機がたまに起きても、他の人たちが生き残りのために悪戦苦闘するときに、私たちは財務面でも気持ちの面でも、攻撃に出る備えができている。そのおかげで、２００８年のリーマン破綻の後に続いたパニックの25日間で、私たちは１５６億ドルもの投資ができた」


最後になりますが、わたしの最初の本の中で、『みんなが「ボーナスでないかも」、「就活厳しい」と言っている時に株を買って、「ボーナス期待だね」、「就活楽勝」と言っている時に株を売れば儲かるじゃないか』と書いたことがありますが、近況はどちらの状態に近かったでしょうか。その答えは、あまりにも明白だと思います。

おわりに ～飛行機でわかる相場道と「ＪＡＬ・ＡＮＡ景況感指数」～

近年、海外のショッピングモールや見本市視察で飛行機に乗ることが増え、一連のフライトの流れが相場サイクルのように感じることがあるのでご紹介したいと思います。

飛行機のフライトは、①入念な事前のセキュリティチェックを受ける→②離陸（パイロットは乗客にシートベルトを占める指示を出し、リスク点検をしっかり行い、一気にエンジン全開で高度を上げる）→③安定飛行の間は食事やくつろいだ時間を楽しむ→④着陸（飛行機は慎重に時間をかけて高度を下げていく）という流れが一般的だと思いますが、これは相場道に通ずるものがあると思ったのです。

相場でも、まず株を始める際には、①入念なチェック（投資学習を行い自分の軸となる投資戦略やスタンスやルールを確立したか）を行い→②離陸という名の株式市場の参加では、慎重に市場に買いサイン（中央銀行による利下げと経済指標の過去最低水準への悪化など）が点灯しているかの点検をし、エンジン全開で株を買って「株の空」に飛んでいきます→③その後は乱気流の揺れなどがあっても、しっかりと動じずに、利益を乗せて飛んでいきます。この間は機内での食事や飲み物の追加オーダーするようにポジションを買い増してもいいでしょう→④その後の着陸で徐々に高度を下げていくように、少しずつ相場の終焉（＝着陸）に向けて売っていくサイクルが、似ていると思うのです

そう感じながら、実際にフライトの離着陸時の事故率や定性情報を調べてみると、興味深い飛行機のフライトと相場サイクルの合理的な共通点を学ぶことができました。

航空事故は離陸時の3分間と着陸時の8分間に集中しているようで、このため航空業界には「魔の11分間」という言葉があるようです。中でも航空ジャーナリストの秋本俊二氏によれば、「7割の現役パイロットが離陸のほうが緊張する」との調査結果を見つけることができました。離陸の方がリスクを感じる理由のひとつが、着陸時と離陸時の速度の違いのようです。

飛行機の着陸は、鳥が空から地上に舞い降りるときに翼を大きく広げてふわりと接地するのと同様に、スピードを落としながら空港にアプローチしていきます。その反対に、離陸はエンジンを全開にし、フルパワーで加速しながら行っています。

そのときのフライトの条件（機体重量や風速など）にもよるようですが、大型機が離陸するときの速度は時速300～350キロメートルにもなり、着陸時と離陸時で時速は100キロメートル近く違うため、離陸時の方が緊張するようです。

これはまさに、株の要諦にも通じます。この離陸3：着陸8の比率は、株の長期的な買いのサインが不況時に集中的に出現するので3の長さで一気に買うのに対して、売りはチマチマと8の時間をかけて散らしていく感覚があり、ここも似ているような感じがします。

現在のように、日経平均が2018年秋の2万4000円から年末年始での2万円前後に下げたところで、乱気流の中で機体は揺れる（＝含み益は減る）かもしれませんが、株の買値が（離陸時は不況で）そもそも低いため、欲張らなければ飛行機の着陸で高度を徐々に下げるように売っていく余裕はあるはずです。

そりゃあ、最高値で売れるのが理想ですが、それは海外に行くときに飛行機でなくてどこでもドアでいければ楽なように、ほぼ現実的ではないでしょう。

さらに、飛行機には景況感がそのまま現れるのではないかとも、ふと思いつきました。つまり、例えば会社の経費のやりくりが苦しくなると、ビジネスクラスをやめてエコノミーにしたり、ボーナスが減りそうだとニューヨーク旅行をやめて台湾旅行にしたりと、お金の動きが如実に表れるのではないかと思ったのです。

そこで、以下のような数値を計算してみました。

各項目前年比 (JAL/ANA)	全項目平均	旅客収入平均	旅客数平均	旅客キロ平均
2002年3月期	(18.9)	(14.1)	(15.7)	(19.9)
2003年3月期	6.7	7.5	6.0	4.4
2004年3月期	(14.6)	(11.2)	(16.3)	(12.4)
2005年3月期	22.2	20.6	25.1	14.9
2006年3月期	0.3	5.8	(1.7)	(2.2)
2007年3月期	5.8	13.2	2.5	0.1
2008年3月期	4.0	8.0	2.6	1.1
2009年3月期	(10.6)	(6.7)	(7.4)	(11.4)
2010年3月期	(4.5)	(26.4)	5.3	4.4
2011年3月期	17.5	31.1	10.8	10.9
2012年3月期	12.8	14.0	13.8	13.0
2013年3月期	10.5	7.2	8.3	12.4
2014年3月期	5.8	10.5	1.8	5.6
2015年3月期	8.8	11.2	7.3	9.2
2016年3月期	10.4	4.4	10.9	12.8
2017年3月期	3.1	(3.6)	5.4	6.5
2018年3月期	8.1	13.6	4.5	5.6
2019年3月期 (期初予想)	6.9	9.9	4.8	6.3

これはJALとANA両社の国際線の売上、搭乗者数、搭乗距離の前年比平均（アミの部分はJALの上場廃止中でANAのみ）を計算したものです。

少なくともすべての数字がマイナス（＝（　）のついた数字）で出てきた2002年3月期の決算発表のある2002年の5月、同じく2004年の5月、2009年5月に長期投資を始めて数年後の高値で売れば、買いのタイミングだけでもバッチリわかります。

私はこれを「ＪＡＬ・ＡＮＡ景況感指数」と名づけ、全項目マイナスの次の到来を10倍株の豊作を狙うホイッスルとして楽しみに待ちたいと思います。

加えて、最近はインバウンド客も増えていますので、再び次の不況が来て国際線旅客が減るブレ（前年比）はさらに大きくなると予想しており、このサインの点灯が出る確率は高いと見ています。

第2章でご紹介した指標は世間で知られているものから選びましたが、このように誰にでも手に入るデータで景況感を調べる工夫はできます。

市場で勝ち抜くための隠れた努力のヒントにして頂けたらうれしいです。

何気なくお世話になっている飛行機ですが、ぜひ今度は長期投資のサイクルを意識しながら搭乗してみるとよいかもしれません。なかなか到着しない欧米行きの長距離便などに乗れば、あの目的地に到着するまで長時間待つ忍耐が、一つの相場の底値圏から天井圏、さらには次の底値圏に向かう長い時間を待つような感覚と同じとも感じます。

あなたが投資の定石を忘れそうなときには、国際線の長距離便にぜひこの本を持ち込んでお読み頂けますと幸いです！

最後に、リーマン・ショック破綻後の長期上昇相場で数多く遭遇した大化け株や10倍株に「ありがとう」をこの場をお借りして伝えたいと思います。

そして、末文までお読みくださった読者の皆さま、日頃より支えて頂いている皆さま、2年ぶりの執筆を支えて下さった関係者の皆さまや愛する家族に心から感謝の気持ちでいっぱいです。

今回は、「さらば10倍株」と題して私の相場観と株の読み解き方をお伝えさせて頂きましたが、これは「ちょっとさらば」なのであって、必ずや「ただいま10倍株」の良き日を迎えられる日が訪れることを信じてやみません。

それをここに表し、筆をおかせて頂きます。ありがとうございました！

②「急騰２倍期待の逆張り注目株５選」リスト（臨時号）

発売後にVIX指数が30を超えて全体相場が急落し、その他の参考指標でも短期逆張りサイン（騰落レシオ・乖離率・新安値など）が出たと判断した場合に限り、第２弾の特典を配信。

実施条件：2019年5月16日～11月14日までの半年間で、VIX指数30以上かつ短期逆張りサイン点灯時

配信日等：サイン点灯後５営業日以内に実施（最初のサイン点灯時の１度きりの配信）。左記ブログ・サイトにて配信通知致します

〈発売記念号と臨時号の違い〉

※**発売記念号の10選**は、特典のリリース時期を定めているために、全体市場が当面の高値天井のタイミングになるかもしれません。よって、この①の10選配信後に中期的な下落が来ても**中長期的な目線で買い下がりたい成長株の選定リスト**にする予定です。

一方で、**臨時号の５選**（良いチャートが多ければ７～８選）は全体市場の急落を捉えますので、**短期決戦での急騰を期待したいチャート重視の銘柄選定リスト**にする予定です。ただし、相場の急落による上記のサインが19年11月14日までに起こらなければこちらの臨時号は配信されませんので予めご了承下さい。

もしかしたら、1冊で2度美味しい

「読者限定特典」のご案内

①「2倍期待の注目株10選」リスト（発売記念号）

読者特典として注目株10選をPDFファイルにてプレゼントさせて頂きます。

配信日：2019年4月4・11・18日、5月9日のいずれかの日に公開
配信時間：20時～21時半頃（予定）
配信通知：ブログでお知らせ
（ブログ『大化け株投資』のすすめ（http://obakekabu.net）の配信通知無料記事を配信直後にアップします。RSSリーダーをご活用いただくか、該当期間の20～22時にお手数ですがブログをご確認ください）
閲覧の流れ：

1 ▶ 朝香友博公式サイト（https://t-asaka.info/info/2484299）にアクセス（ブログ記事にもリンクは貼ります）
2 ▶ 当WEBページの指示に従って本の該当箇所をチェックの上、パスワードを取得ください（※）
3 ▶ PDFファイルをクリック
4 ▶ この本の読者にしかわからないパスワードを入力してご閲覧ください

※このパスワードは、例えば本の「はじめに」の最初の2文字（この）と「あとがき」の2段落目の最初の一文字（飛）をローマ字にしたものをパスワード入力（konohi）していただくなど、**立ち読みでは閲覧のできない新しい形式**をとらせて頂きます。お手数をおかけいたし恐れ入りますが、最新株価・相場状況で配信する試みとしてご理解のほどよろしくお願い致します。

参考・引用文献

○ファンダメンタルズ

会社四季報オンライン：https://shikiho.jp/

○チャート

楽天証券マーケットスピード：http://marketspeed.jp/

○理論

・秋本俊二「〝離陸3分 着陸8分〟どちらがより危険か?」（プレジデントオンライン：https://president.jp/articles/-/22754）

・浦上邦雄『相場サイクルの見分け方（新装版）』日本経済新聞出版社、２０１５年

・木原直哉『東大卒ポーカー王者が教える勝つための確率思考』中経出版、２０１３年

・倉都康行『12大事件で読む現代金融入門』ダイヤモンド社、２０１４年

・佐藤隆光監修『お金の流れがよくわかる株の絵辞典　社会をささえる会社の役割』ＰＨＰ研究所、２００６年

・滝田洋一『金利を読む』日本経済新聞出版社、２０１４年

・塚崎公義『なぜ、バブルは繰り返されるか?』祥伝社、２０１３年

・土方薫『暴落の着火点』日本経済新聞出版社、２０１１年

・中村研一他『新中学校　公民』清水書院、２０１１年

・日本経済新聞社インデックス事業室編『日経平均公式ガイドブック第2版』日本経済新聞社、２０１０年
・野中郁次郎監修、リクルートマネジメントソリューションズ組織行動研究所『日本の持続的成長企業～「優良＋長寿」の企業研究」東洋経済新報社、２０１０年
・真渕勝監修『くわしい公民』文英堂、２０１２年
・ピーター・リンチ
『株で勝つ』ダイヤモンド社、２００１年
『ピーター・リンチの株の教科書』ダイヤモンド社、２００６年
・ベンジャミン・グレアム『賢明なる投資家』パンローリング、２０００年
・ＤＶＤ『世界Ｎｏ１とＮｏ２の億万長者世紀の対談 ビル・ゲイツとバフェット』日本経営合理化協会
・朝香友博
『10倍株で勝つ』２０１３年
『まずは2倍株で勝つ』２０１４年
『10年目線で買っていい株買ってはいけない株』２０１４年
『朝香式・投資3原則』２０１５年
『大化け株サイクル投資術』２０１６年
『インド＋親日アジアで化ける日本株１００』２０１７年（以上、アールズ出版）
『いま仕込んでおくべき10倍株、教えます！』２０１７年（クロスメディア・パブリッシング）

［著者紹介］

朝香友博（あさか・ともひろ）

成長企業アナリスト／投資家

投資ブロマガランキング1位を獲得したブログ「『大化け株投資』のすすめ」を主宰。見本市を中心に累計2000社の市場開拓支援・投資を行ってきた経験を活かし、次々と成長株を発掘。独自の法則で30・20倍を含め16の10倍株をヒットさせた実績を持つ。著書に『［テンバガー］10倍株で勝つ』『大化け株サイクル投資術』（アールズ出版）、『いま仕込んでおくべき10倍株』（クロスメディア・パブリッシング）などがある。

●略歴

立教大学法学部卒業後、「未来トレンドの先読み」の為に国会議員秘書、上海交通大学留学を経験。その後、産業の未来を創る国際見本市に触れ、米国の産業PR会社に入社。入社2年目の2005年、当時テーマ株としてIPOで株式市場を賑わせていた「モバイル企業」にヒントを得て、日本初のモバイルマーケティング展示会の立ち上げに成功。営業でもIRや決算書情報を全面に活用し、米・欧・アジアの全社員で売上1位を達成。アジア最大級の国際展示会・会議のトップに抜擢され、セールスディレクターに昇進。その後、インド株投資家として米ブルームバーグにも紹介され、友人とファンド設立。さらに、サブプライムショックによる株価急落と景気悪化を見て、大手企業を顧客に抱えるチャンスと考え、ITマーケティング会社を創業。不景気の中、上場優良企業を顧客に抱えるベンチャーに急成長させた。しかし、健康不良を理由に社長退任。夢を失いかけた失望の日々を過ごす。その際に始めた株ブログが再び注目され、書籍を執筆するきっかけとなる。現在は国際見本市や海外ショッピングモールを中心に世界を周りながら、株式市場と産業支援の投資家として活動中。

■朝香友博公式サイト https://t-asaka.info（読者特典を掲載予定）

■『大化け株投資』のすすめ http://obakekabu.net（「大化け株」で検索）

■コンタクト tomohiroasaka2020@gmail.com

Sairyusha

さらば10倍《ばい》株《かぶ》、短《たん》期《き》で狙《ねら》う2倍《ばい》株《かぶ》

二〇一九年四月五日　初版第一刷

著者　朝香友博
発行者　竹内淳夫
発行所　株式会社　彩流社
〒102-0071
東京都千代田区富士見2-2-2
TEL:03-3234-5931
FAX:03-3234-5932
E-mail:sairyusha@sairyusha.co.jp
印刷　明和印刷(株)
製本　(株)難波製本所
装丁・組版　中山デザイン事務所

本書は日本出版著作権協会(JPCA)が委託管理する著作物です。
複写(コピー)・複製、その他著作物の利用については、
事前にJPCA(電話03-3812-9424 e-mail: info@jpca.jp.net)の許諾を得て下さい。
なお、無断でのコピー・スキャン・デジタル化等の複製は
著作権法上での例外を除き、著作権法違反となります。

©Tomohiro Asaka, Printed in Japan, 2019
ISBN978-4-7791-2570-6 C0033
http://www.sairyusha.co.jp